MÉMOIRES ET DOCUMENTS

DE LA SOCIÉTÉ

HISTORIQUE & ARCHÉOLOGIQUE

DE CORBEIL

D'ÉTAMPES ET DU HUREPOIX

II

PARIS

ALPHONSE PICARD ET FILS, ÉDITEURS

LIBRAIRES DES ARCHIVES NATIONALES ET DE LA SOCIÉTÉ DE L'ÉCOLE DES CHARTES

Rue Bonaparte, 82

—

MDCCCC

SOMMAIRE :

I. *La Délégation des Ambulances volontaires à Corbeil pendant la guerre Franco-Allemande 1870-1871.* — Ouvrage traduit de l'allemand, avec introduction par A. Dufour.

II. *Etudes historiques sur la Réforme à Corbeil et aux environs au XVIe siècle*, par J. Pannier.

Gravures :

Les demandes de rectifications ou modifications des noms ou adresses de la liste des membres, ainsi que de tous renseignements se rapportant à la Société ou au Bulletin, doivent être adressées à M. Dufour, Secrétaire général, rue du 14 Juillet, 21, à Corbeil.

Pour ce qui regarde les cotisations et la comptabilité, on devra s'adresser à M. Lasnier, 28, rue de Champlouis, à Corbeil.

Le Conseil d'administration laisse aux auteurs l'entière responsabilité des opinions qu'ils pourront émettre dans leurs écrits.

MÉMOIRES ET DOCUMENTS

DE LA SOCIÉTÉ

HISTORIQUE & ARCHÉOLOGIQUE

DE

CORBEIL, D'ÉTAMPES ET DU HUREPOIX

MONTDIDIER. — IMPRIMERIE BELLIN

MÉMOIRES ET DOCUMENTS

DE LA SOCIÉTÉ

HISTORIQUE & ARCHÉOLOGIQUE

DE CORBEIL

D'ÉTAMPES ET DU HUREPOIX

———

II

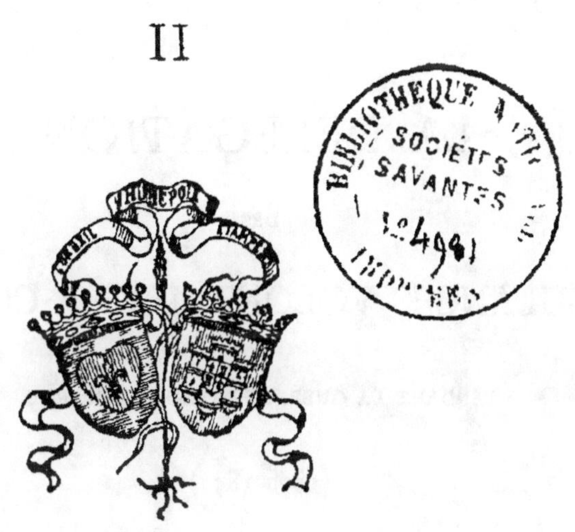

PARIS

ALPHONSE PICARD ET FILS, ÉDITEURS

LIBRAIRES DES ARCHIVES NATIONALES ET DE LA SOCIÉTÉ DE L'ÉCOLE DES CHARTES

Rue Bonaparte, 82

—

MDCCCC

LA DÉLÉGATION

DES

AMBULANCES VOLONTAIRES A CORBEIL

PENDANT LA GUERRE FRANCO-ALLEMANDE

(1870-1871)

LA DÉLÉGATION

DES

AMBULANCES VOLONTAIRES

A CORBEIL

PENDANT LA GUERRE FRANCO-ALLEMANDE

(1870-1871)

Ouvrage traduit de l'allemand.

INTRODUCTION PAR A. DUFOUR

Bibliothécaire de la ville de Corbeil

PARIS

ALPHONSE PICARD ET FILS, ÉDITEURS

LIBRAIRES DES ARCHIVES NATIONALES ET DE LA SOCIÉTÉ DE L'ÉCOLE DES CHARTES

Rue Bonaparte, 82

—

MDCCCC

INTRODUCTION

Dans les douloureux événements de 1870-1871, Corbeil fut l'une des villes qui eurent le plus à souffrir de l'occupation allemande : placée en dehors, mais tout près de la ligne d'investissement de Paris, elle était continuellement encombrée par !les passages de troupes.

A partir du 16 septembre, où il arriva une avant-garde de 1000 hommes, il en vint chaque jour plusieurs milliers, plus ou moins, mais, pour ne citer que les grands passages, nous empruntons les chiffres suivants à un document officiel publié par la ville de Corbeil (1) :

Le 17 septembre on vit arriver 35.000 hommes, autant le lendemain 18 ; il en venait 36.000 le 22 ; du 18 au 20 octobre, il y en eut 25.000, du 1er au 5 novembre 20.000, du 29 décembre au 3 janvier 35.000 ; le restant du mois de janvier nous en amena 50.000, et février 30.000, et il fallait loger et nourrir tout ce monde dans une ville qui comptait moins de 6.000 habitants, et qui était déjà chargée d'une garnison permanente de 4.000 hommes, qui fut par moments portée à 6.000. « La plus meurtrie de toutes les villes du « département, écrivait M. Desjardins (2), est Corbeil qui, le 4

(1) *Mémoire présenté par la ville de Corbeil au Conseil général de Seine-et-Oise à l'effet d'obtenir le remboursement de ses réquisitions de guerre.* Corbeil, 11 janvier 1874.

(2) *Tableau de la guerre des allemands dans le département de Seine-et-Oise.* Versailles, 1873.

« mars, enregistrait sa 8914ᵉ réquisition et qui avait logé 500.000
« allemands, sans compter 45.000 prisonniers français. »

Nanteuil (et plus tard Lagny) était alors le point terminus du
chemin de fer communiquant avec l'Allemagne, et toutes les
troupes qui en venaient et étaient dirigées sur Paris, Versailles ou
vers la Loire, passaient à Corbeil. Les prisonniers français, et il y en
eut 45 000 ou à peu près, séjournaient aussi dans notre petite ville,
alors gîte d'étapes, pour aller en Allemagne subir les douleurs et
les duretés de l'exil. En outre, tous les évacués militaires, blessés
ou malades, venant des alentours de Paris ou des bords de la Loire,
arrivaient en masse et sans cesse à Corbeil pour y être soignés
dans les ambulances avant d'être rapatriés, quand ils guérissaient,
car la mortalité fut grande à Corbeil et beaucoup ne revirent pas
leur pays ; le typhus, la petite vérole, la dysenterie sévissaient
avec violence et faisaient de nombreuses victimes ; le monument
des Allemands, érigé dans le cimetière de Corbeil, en a perpétué
le souvenir.

Dans ces conditions, notre ville était tout indiquée pour être un
centre important d'ambulances. Tous les bâtiments publics d'une
certaine étendue furent affectés à cette destination, et comme
ils ne suffisaient pas, on prit encore les plus grandes maisons et
quelquefois même des petites, comme celles de l'avenue Darblay
dont il est question plus loin (1).

Le service sanitaire était divisé en deux parties distinctes : les
hôpitaux militaires, qui relevaient de l'armée, comme leur nom
l'indique, et les ambulances volontaires, dirigées en grande partie
par des chevaliers de l'ordre de Saint-Jean-de-Jérusalem (on les
appelait *Johannitres*), ordre qui n'existe plus guère en France, mais
est encore florissant en Allemagne. Ces ambulances volontaires
jouèrent un rôle important un peu partout pendant cette triste
campagne, mais surtout à Corbeil où il n'y avait pas moins de 26
ambulances, dont très peu relevaient de l'autorité militaire. Cette
dernière exerçait surtout son influence sur l'hôpital Galignani, où
l'on a relevé 15.869 journées de malades allemands pendant toute
la période d'occupation (2).

Le délégué en chef des ambulances volontaires à Corbeil était
le baron de Wardenburg, qui séjourna dans cette ville presque

(1) Page 11.
(2) *Mémoire présenté par la ville de Corbeil...*, p. 10.

tout le temps de l'occupation. Il a publié, à Iéna, en 1886, un volume de 94 pages, dans lequel il a consigné, non seulement ses impressions et souvenirs, mais aussi tous les détails du service qu'il avait à diriger à Corbeil et aux environs.

Les écrits sur l'occupation allemande à Corbeil sont rares, nous ne connaissons sur ce sujet que l'ouvrage de M. de la Rüe (1) digne homme qui rendit à cette douloureuse époque les plus signalés services à la ville de Corbeil (2); c'est pourquoi nous avons cru utile d'insérer, dans ce second volume de nos Mémoires, la traduction de l'opuscule de M. de Wardenburg, qui donne des détails intéressants et non rapportés ailleurs, sur une des plus tristes périodes de l'histoire de Corbeil, pauvre ville qui, dans le passé, a déjà subi de si nombreuses et si dures épreuves.

Nous devons cependant faire des réserves et prévenir le lecteur que l'auteur allemand est animé des plus mauvais sentiments envers la France et les Français ; il est gallophobe à l'excès, on le sent à chaque page de son récit, et cette passion le rend non seulement injuste et méchant, mais l'aveugle souvent au point de le porter à dénaturer les faits et à les présenter sous un jour absolument contraire à la vérité. Souvent même l'exagération de ses accusations est tellement évidente qu'elle enlève toute autorité à ses allégations malveillantes.

Il est impossible, par exemple, de croire à la moindre partie de ce qu'il avance sur la conduite des médecins militaires français et l'attitude de la population de Corbeil vis-à-vis des prisonniers de guerre (3).

Néanmoins, pensant qu'il est bon que l'on connaisse les sentiments dont ces gens sont animés à notre égard, nous n'avons pas voulu supprimer, ni même atténuer les passages enfiellés où l'auteur montre une haine de parti pris contre tout ce qui est français ;

(1) *Sous Paris pendant l'invasion, 500.000 Prussiens, 45.000 prisonniers français.* Paris 1871, in-12, de 492 pp.

(2) Voir ci-après, page 59, la note relative à M. de la Rue.

(3) Pour les médecins militaires et les prisonniers français on pourra consulter les notes des pages 22 et 37 et 45 et 60 Depuis l'impression de ces notes, nous avons retrouvé un détail relatif aux prisonniers, et que nous tenons à reproduire ici ; c'est une simple note de comptes, mais elle a son éloquence et réfute victorieusement les méchancetés voulues de l'auteur allemand. Voici cette note : *Secours en argent aux prisonniers français à leur passage pour faciliter leur évasion, fournis par des souscriptions particulières* : 6.329 *fr.* 75 *cent.* Cette note est officielle, elle est insérée dans le mémoire présenté par la ville.

mais nous les avons soigneusement annotés, nous reportant pour cela à nos souvenirs de témoin oculaire, afin que le lecteur ait le plus souvent sous les yeux la réponse à l'accusation portée.

Nous le répétons, cet ouvrage est intéressant pour notre contrée, c'est un chapitre tout nouveau ajouté à l'histoire de l'occupation allemande à Corbeil et aux environs et, tout en tenant compte de l'esprit mauvais qui a inspiré l'auteur, nous pensons qu'il pourra intéresser ceux qui voudront bien le lire et être utile aux historiens de l'avenir.

Tous les châteaux et les maisons de campagne de nos alentours étaient occupés par les ambulances volontaires (1); on trouvera, à leur sujet, dans le livre de M. de Wardenburg, des détails et des renseignements qui ont leur intérêt pour l'histoire, à cette époque, des différentes communes voisines de Corbeil. L'auteur y commet quelques erreurs, excusables chez un étranger, et que nous avons redressées. C'est ainsi qu'il cite Madame de Maintenon à Etiolles, au lieu de Madame de Pompadour qui en a habité le château, et encore le duc de Rovigo au Coudray, à la place du duc de Reggio.

Parmi toutes ces maisons de campagne, nous avons identifié par des notes celles que nous avons pu reconnaître; ceux de nos lecteurs qui habitent ces localités pourront indiquer celles qui n'ont pu être reconnues.

Comme complément à cette notice sur l'occupation allemande à Corbeil en 1870-1871, nous ajouterons quelques extraits empruntés au mémoire que notre ville adressa en janvier 1874 au Conseil général du département de Seine-et-Oise à l'effet d'obtenir le remboursement de ses réquisitions de guerre, requête qui n'eut qu'un succès médiocre, puisque la ville, qui avait à rembourser 532.645 francs de réquisitions, n'obtint qu'une indemnité très insuffisante après avoir fait un emprunt de 400.000 francs, dont aujourd'hui encore elle paie les intérêts et qui ne sera éteint qu'en 1902.

Et à ces charges de la ville, il convient d'ajouter les pertes personnelles des habitants, car, sans parler des vols et des pillages, des mobiliers détériorés, etc., ils ont eu à loger, pendant 6 mois sur la rive gauche, un an (moins 5 jours) sur la rive droite, tout

---

(1) Desjardins (*op. cit.*), dit à la page 143 de son ouvrage : Corbeil surtout et les environs regorgeaient de malades et de blessés ; on n'y comptait pas moins de 3097 lits occupés par les victimes de la guerre.

un monde d'officiers et de soldats, et non seulement il fallait les loger, mais encore les nourrir ; c'est ainsi que nous avons appris à connaître, à nos dépens, la voracité des allemands et la capacité de leurs estomacs.

Les documents officiels que nous citons ci-dessous feront voir jusqu'à quel point s'est exercée la rapacité tudesque envers notre pauvre ville et toutes les souffrances qu'elle a endurées de la part d'un ennemi impitoyable.

Voici ce qu'on lit dans le mémoire de la ville comme préambule aux réquisitions citées :

La ville de Corbeil a été rançonnée pendant six mois par les Allemands, non seulement pour l'entretien des troupes casernées sur son territoire, mais aussi pour les besoins du service militaire dans tout le pays environnant, à quatre ou cinq lieues à la ronde.

Outre le grand pont de Corbeil dont la reconstruction a été imposée à la ville, les ponts prussiens et wurtembergeois de Villeneuve-Saint-Georges, les camps bavarois du général Hartmann à Chatenay, ont été construits avec des matériaux réquisitionnés à Corbeil.

Les ambulances des villages voisins, Petit-Bourg, Saintry, Étiolles, Soisy et Coudray-Montceaux, ont été installées et en partie entretenues aux frais de la ville de Corbeil.

Quant aux vivres, du 17 septembre au 19 octobre 1870, l'ennemi a pourvu à son approvisionnement par le pillage. Il poussait ses razzias jusqu'à Lieusaint, Savigny-le-Temple, Melun, d'un côté, et de l'autre jusqu'à Chailly-en-Bierre, Dannemois et la Ferté-Alais.

Ce pillage n'a cessé que parce que le Conseil municipal de Corbeil, animé du plus intelligent patriotisme, s'est résigné à subir des réquisitions régulières (1), plutôt que de voir les campagnes livrées à une dévastation insensée.

La ville de Corbeil a donc travaillé et souffert dans l'intérêt général, et cependant, après la guerre, elle a dû, faute d'indemnité suffisante, emprunter une somme de 400 000 francs, en s'imposant de 30 centimes additionnels, pour payer elle-même les réquisitions fournies pour les causes indiquées ci-dessus.

Désireux de ne rien avancer sans preuve, nous reproduisons ci-après quelques souvenirs de guerre et pièces à l'appui de nos dires.

(1) Le 5 mars 1871, le registre des réquisitions est arrêté au N° 8914. (de la Rue, p. 482).

QUELQUES RÉQUISITIONS

Corbeil, le 17 septembre 1870.

La ville de Corbeil fournira chaque jour, pour la construction d'un pont sur la Seine, jusqu'à l'achèvement de ce pont (1) :

Deux maîtres chapentiers avec trente aides ;

Un   id.   id.   avec vingt ouvriers ;

Deux voitures à deux chevaux et tous les objets en fer nécessaires pour la construction du pont.

Ces ouvriers ont à exécuter les ordres de M. le Capitaine du génie Schels.

Tous les matériaux, soit en bois ou en fer, seront choisis par cet officier et livrés aux frais de la ville de Corbeil.

Le Commandant du 2me Corps d'armée Bavarois.

Signé : HARTMANN.

Corbeil, 19 septembre 1870, midi.

Selon l'ordre de M. le chef de l'État-Major de Prusse, la ville de Corbeil a à bâtir un second pont sur la Seine à la place en bas du grand pont (2). Un officier sondera cette après-midi, et le maître commencera alors la construction des bois de la même manière que le pont déjà commencé. Durée du travail : deux jours et demi. Les matériaux sont à fournir.

Le Commandant,

Signé : KERN, Major.

Corbeil, le 8 octobre 1870.

Sur l'ordre de l'inspection générale royale prussienne du 3me corps d'armée, la

(1) C'est le pont que les allemands nous ont forcés à construire à la pêcherie, en face la rue de la Tuilerie. Le second, dont il est question ci-dessous, était une passerelle provisoire, en bois, qui s'appuyait sur la partie du grand pont restée intacte et venait aboutir à la petite rue Notre-Dame. Cette passerelle permettait le passage du fleuve, pendant les travaux de rétablissement (en bois) du grand pont, dont il va être question à la 3me réquisition ci-après. Un troisième pont, de chevalets celui-là, avait été installé plus en aval ; il partait de la ruelle du Sabot.

(2) Les deux grandes arches en fer de la rive gauche avaient été minées et détruites. L'explosion a eu lieu le 12 septembre à 11 heures du matin. « Elle fut terrible, des blocs de pierre ont été projetés à plusieurs centaines de mètres ; l'un d'eux est venu se ficher dans une des voûtes latérales de l'église St-Spire, où il est resté longtemps et où on aurait dû le laisser comme souvenir. Les maisons du voisinage ont été ébranlées ; les toitures, les portes, les fenêtres, tout a été brisé. Trois tonnes de poudre avaient été placées dans les fourneaux ; fort heureusement, il n'y en a que deux qui aient pris feu. Que serait-il arrivé, grand Dieu ! si le troisième tonneau, qu'on a retrouvé depuis et qu'on a noyé, avait éclaté en même temps que les deux autres ? » (de la Rue, page 11).

Mairie est requise de rétablir le pont de la Seine, sous la direction de M. Aboilard, ingénieur ordinaire (1).

L'inspection a déjà parlé à l'ingénieur à cet effet.

La pile démolie devra être reconstruite en pierres et le tablier en bois, avec la largeur de quatorze pieds, pouvant laisser passer deux colonnes à la fois.

Les travaux seront surveillés par l'inspection générale prussienne. Le déblaiement sera commencé le 10 Octobre à sept heures du matin, avec 60 ouvriers munis de leurs outils.

Le pont devra être terminé le 21 Novembre 1870 et livré à la circulation sous peine de 1000 francs d'amende pour chaque jour de retard.

Signé : FEILITZCH,
Sous-Préfet.

Corbeil, le 24 Octobre 1870.

Avec l'ordre de l'inspection générale des étapes, la Mairie est rappelée que si le pont massif de pierre n'est pas rétabli au 21 Novembre cette année, non seulement elle aura une demande d'argent, mais elle aura à subir des peines encore plus sévères.

La Mairie fera en sorte que la date ci-haut indiquée soit rigoureusement tenue (*sic*).

Signé : FEILITZCH,
Sous-Préfet.

Saint-Germain-lès-Corbeil, le 27 Octobre 1870.

La Mairie de Corbeil a été prévenue par le Sous-Préfet pour le prompt rétablissement du pont de la Seine détruit. A ce sujet, le Général de l'inspection des étapes du 3ᵐᵉ Corps fait savoir à la Mairie de Corbeil que M. le Maire, ainsi que les membres du Conseil municipal et les habitants de la ville, sont et demeurent responsables personnellement et sur leur fortune pour l'exécution de cet ordre formel.

Signé : de GOTSCH (2),
Lieutenant-général.

Corbeil, le 16 Octobre 1870.

A la Mairie de Corbeil.

La Mairie est requise de fournir au porteur de la présente, le lieutenant Marcard, de la 1ʳᵉ compagnie des pionniers de Silésie, 6ᵐᵉ bataillon :

---

(1) M. Aboilard était un habitant de Corbeil; il demeurait sur le quai de l'Instruction, à l'angle de la rue de la Triperie. On lui doit la reconnaissance d'avoir bien voulu se charger de ce travail. pour l'exécution duquel il sut mieux ménager les intérêts de la ville que si on avait eu affaire à n'importe quel allemand.

(2) Le Général de Gotsch s'était installé avec son etat-major au Château de Saint-Germain. Farnèse, duc de Parme et de Plaisance, s'y était logé aussi quand il vint assiéger Corbeil en septembre 1590.

120 madriers, en même temps que le nombre de clous et de bandes de fer qui sera exigé.

Pour la construction du pont de Villeneuve-Saint-Georges.

Le Commandant des étapes,

Signé : NEUENDORFF, Major.

Soisy-sous-Étiolles, le 12 Octobre 1870.

HÔPITAL PRINCIPAL Nᵒ V.

Reçu de la Mairie de Corbeil :

10 livres de farine bise,

2 vaches vivantes,

300 livres de pain,

40 litres de vin,

6000 allumettes ;

Vu le 12 Octobre 1870, à Corbeil,

Le Major, commandant des étapes,

NEUENDORFF.

Le chef de l'administration,

STRECKRET.

Corbeil, le 3 Octobre 1870.

Par ordre du général-inspecteur des étapes du 3ᵐᵉ corps d'armée, le commandant soussigné fera livrer par la Mairie, dans le plus bref délai, 300 bois de lit, nécessaires pour les blessés grièvement qui se trouvent dans les ambulances, vu que les mauvaises couchettes de la campagne sont ou trop grandes ou à peine suffisantes et ne sont pas appropriées aux exigences militaires. Il faudrait qu'on livrât des couchettes étroites, en fer ou en bois, telles qu'elles sont ordonnées pour l'armée en campagne.

Les livraisons de ces couchettes seront ainsi réparties au plus vite :

1ᵒ 100, le 8 octobre, au château des Tourelles.

2ᵒ 100, le 13 octobre, au château de Beauvoir.

3ᵒ 100, le 18 octobre, au château de Mousseaux (1).

Signé : GRAN, Major.

Grigny, le 3 Octobre 1870.

Le Quartier-maître Fuchs, du 2ᵐᵉ escadron du 6ᵐᵉ hussards de Silésie, est autorisé par la présente à se faire délivrer, par le commandant des étapes à Corbeil, une réquisition pour les besoins dudit escadron, en brides et en chaussures :

Une demi-peau, cuir de cheval, pour brides ;

(1) Ces trois châteaux sont situés sur la commune d'Evry-Petit-Bourg, autrefois Evry-sur-Seine.

> Une demi-peau, pour semelles de bottes,
> Deux livres de fil de chanvre;
> Trois livres de poix;
> 3000 semelles de bottes;
> Cinq livres de ficelle fine;
> Deux peaux de veau.

Vu le 3 Octobre 1870.

   Le commandant des étapes,

      Signé : NEUENDORFF.

de JAVARD,

Lieutenant.

Étiolles, le 10 Octobre 1870.

HÔPITAL N° V.

La ville de Corbeil est requise de fournir :

> 140 litres de vin,
> 200 livres de viande de bœuf,
> 30 livres de viande de veau,
> 40 livres de riz,
> 40 livres de gruau,
> 30 livres de farine,
> 300 livres de pain.

Vu le 10 Octobre 1870.

   Le Commandant des étapes,   Signé : STRECKRET.

    Signé : NEUENDORFF.

Réquisition de Châtenay.

   Génie Bavarois

  Général Hartmann

Corbeil, le 11 Octobre 1870.

Nous requérons M. Verdage (1), de fournir 1793 kilos de tôle mince.

Signé : KRIEG.

Corbeil, le 7 Février 1871.

   Monsieur le Maire,

Par ordre de M. le Préfet, je vous invite à fournir, dans un délai de deux jours, 30 couvertures pour les chevaux.

Ces couvertures, destinées au 5ᵐᵉ corps, devront être fournies à la Sous-Préfecture de Corbeil, sous peine d'une amende de 500 francs.

Agréez, Monsieur le Maire, l'assurance de ma considération distinguée.

Le Sous-Préfet provisoire,

Baron FEILITZCH.

(1) M. Verdage (François), négociant en fers, était alors 1ᵉʳ adjoint au maire de Corbeil.

Ces douze réquisitions, parmi les 8914 exigées, montrent combien la ville de Corbeil a été rançonnée par son implacable ennemi ; il n'y a rien à y ajouter, elles parlent d'elles-mêmes.

Les allemands avaient amené à Corbeil une quantité de voitures volées par eux un peu partout ; avant de partir, ils les vendirent à l'encan sur la place publique ; il y en avait 124. Le Maire, révolté de ce procédé, eut recours à l'obligeance de M. de la Rüe, qui se rendit adjudicataire des dites voitures pour la somme de 750 thalers (1), puis elle en donna avis aux propriétaires à qui elles furent rendues moyennant le remboursement du prix d'acquisition, soit 24 à 25 fr. par voiture. Mais les pauvres gens ne revirent jamais leurs chevaux, ceux qui ne moururent pas à la peine furent emmenés par les allemands.

Parmi les charges imposées à la ville de Corbeil, il en est une que nous devons encore signaler, c'est l'incendie du théâtre lyrique, transformé en ambulance par les allemands et qui brûla le 17 janvier à 9 heures du matin (2). C'était un bâtiment en bois, dont la ville paya la reconstruction jusqu'à concurrence d'une somme de 27.000 fr.

Si, pendant cette triste période, la partie intelligente de la population fut admirable envers les prisonniers, elle sut aussi se montrer digne et résignée vis-à-vis de l'ennemi, c'est une justice à lui rendre ; mais nous devons surtout une reconnaissance toute spéciale au Maire, aux adjoints et aux membres du Conseil municipal de Corbeil, qui étaient en permanence à la Mairie et qui ont donné l'exemple du courage et de l'abnégation, en luttant sans cesse et sans défaillance contre les exigences toujours croissantes de l'envahisseur. Corbeil a été bien meurtri, bien éprouvé dans ces sombres jours, il l'eût été plus encore sans leur dévoûment.

Des critiques, des accusations même se sont produites longtemps après les événements (il est si facile de critiquer, les pieds sur les chenets et loin du danger) ; mais nous qui étions là, témoin attristé, qui avons apprécié les difficultés et les dangers de la situation, nous tenons à protester contre ces allégations mensongères et à rendre un hommage reconnaissant à ces hommes dévoués qui, pendant de longs mois, ont lutté pour nous, ne reculant devant rien et bravant la menace de la déportation en Allemagne, tou-

(1) 2812 fr. 50 c.
(2) V. page 25.

jours suspendue sur leur tête, plutôt que d'abandonner les intérêts dont ils avaient la lourde charge.

Il y a dans l'ouvrage de M. de Wardenburg une note qui a été oubliée par le traducteur ; afin d'être complet autant que possible, nous en donnons ci-après la substance.

Il nous apprend que son travail a été rédigé d'après les notes qu'il a prises pendant l'occupation et les lettres qu'il a écrites de Corbeil à sa famille ; pour le reste il s'est inspiré de ses souvenirs et des actes de la délégation. Pour de plus amples renseignements, il renvoie à « l'excellent » ouvrage de Friedrich von Criegern, intitulé : *La Croix rouge en Allemagne, manuel de l'ambulance volontaire pendant la guerre*, publié à Leipzig en 1883, et qui a mérité un prix spécial.

Cette introduction est un peu plus longue que nous ne l'aurions voulue ; nous nous en excusons en disant que nous avons cru bien faire en profitant de l'occasion de cette publication pour faire connaître quelques détails peu ou mal connus de l'occupation allemande à Corbeil en 1870-1871. Ces détails, joints à ceux fournis par M. de Wardenburg, pourront être, dans l'avenir, une utile contribution à l'histoire de Corbeil pendant cette triste période.

En terminant, nous mettons encore une fois les lecteurs en garde contre les exagérations, les vantardises et les entorses à la vérité, semees à plaisir dans le récit de l'auteur allemand.

A. DUFOUR,
Bibliothécaire.

NOTA. — On nous fait observer qu'à la page 6 de cette relation, nous avons dénaturé le nom du chef d'État-Major Bavarois en l'écrivant *Berri della Bosia*, c'est *Véri della Bosia* qu'il faut lire. D'ailleurs, il n'y aurait rien d'étonnant à ce que quelques-uns de ces noms rocailleux aient été quelquefois mal lus et altérés ; nous nous en excusons d'avance. L'Officier dont nous venons de parler, Véri della Bosia, est devenu depuis Commandant en chef de l'armée Bavaroise.

LA DÉLÉGATION

DES AMBULANCES VOLONTAIRES A CORBEIL

PENDANT LA GUERRE FRANCO-ALLEMANDE
1870-1871.

Dans les nombreux écrits publiés sur la guerre franco-allemande de 1870-1871, on s'est peu occupé jusqu'ici de l'activité déployée par les ambulances volontaires. Au début de la guerre on eut de graves reproches à faire (et ils ne paraissent pas toujours sans fondement) aussi bien aux chevaliers de Saint-Jean qu'aux ambulanciers volontaires, ainsi appelés par opposition avec les ambulanciers militaires. Mais on ne s'inquiéta pas assez de la grande difficulté qu'il y avait à trouver de suite des personnes convenables pour une tâche qui exigeait, à côté d'un grand sacrifice personnel, une habileté que, seule, la pratique peut donner. On ne pensa pas non plus à les mettre à la place qui leur convenait. Celui qui a suivi le développement de l'organisation des ambulances volontaires pendant la durée de la guerre, ne pourrait refuser son approbation à ceux qui en avaient la direction suprême. Dans une nouvelle guerre, l'expérience acquise pourra amener beaucoup de changements. Par le réglement du 10 Janvier 1878, les ambulances volontaires sont rentrées sous la dépendance de l'État et sont dirigées par les autorités militaires ; elles font partie intégrante de l'armée et sont soumises à la même jurisprudence et aux mêmes devoirs. La guerre de 1870 nous donna de précieuses indications sur l'état sanitaire de l'armée en campagne ; aussi modifia-t-on les ambulances volontaires, sinon dans leur activité, du moins dans leur multiple organisation ; mais elles n'avaient pas alors la cohérence et la solidité qui leur sont données maintenant par leur reconnaissance comme partie du service général de santé de l'Etat.

En temps de guerre, on ne pourra obtenir des ambulances volontaires une activité féconde en résultats que par un juste choix des personnes à employer. Les rapports avec les autorités militaires, les relations de chefs à subordonnés ne peuvent jamais être suffisamment réglés par des ordonnances. Aussi la nouvelle organisation du service de santé, en campagne, ne fera que peu de bien à cet égard. Il restera beaucoup à compter sur l'énergie et le jugement de chaque membre de ce service, car il faudra souvent créer soi-même l'installation nécessaire à tous les besoins. Les expériences faites dans la dernière guerre porteront leurs fruits. On usera dorénavant d'une plus grande circonspection dans le choix des personnes désignées pour des situations à peu près indépendantes, les délégués par exemple. Il est à souhaiter aussi, pour l'avenir, que les hauts fonctionnaires des ambulances volontaires soient placés plus à portée de leurs services, car en 1870-1871 leur nombre était trop restreint.

L'attention doit tout d'abord se porter sur l'ordre des Chevaliers de Saint-Jean (1). Sa forte organisation, le grand nombre de ses membres, l'expérience qu'il a acquise dans les guerres de 1863-64 et de 1866 autorisent le souhait de lui voir prendre un plus grand développement, et aussi une nouvelle organisation. Si ce vœu ne se réalisait pas de suite, il serait injuste d'élever pour cela des accusations contre cet ordre, comme cela n'arrive que trop souvent. Dès les premiers temps de la guerre, je fus à même de voir de près quelques-uns de ces chevaliers et d'être en relation avec des membres de l'Ordre, et je changeai d'opinion lorsque je connus bien les difficultés que l'administration supérieure avait à vaincre. En 1870 les relations étaient tout autres qu'auparavant et presque tous les chevaliers acceptaient déjà le devoir de se mettre à la disposition du commissaire royal et de l'inspecteur militaire. Au commencement, il s'ensuivit bien quelques refus isolés, mais peu nombreux. Il arriva aussi que pendant les premiers temps il y eut beaucoup de gens inoccupés et d'autres qui se montraient impropres à faire leur service; il en résulta quelques difficultés, mais elles disparurent bien vite quand les premières opérations militaires furent commencées.

Le personnel des chevaliers de Saint-Jean était beaucoup plus

____

(1) Section allemande et toute civile de l'ordre de Saint-Jean de Jérusalem.

nombreux que celui des autres ordres, c'est pourquoi les hautes situations de délégués appartenaient en plus grand nombre à ces mêmes chevaliers, et, dans les services rendus par les ambulances volontaires, on ne peut contester que le mérite leur en revient dans une part correspondante à leur nombre.

Mais pour la nomination aux postes élevés, il serait à souhaiter qu'il n'y eût jamais de méprise, quelle que fût la hâte apportée à cette nomination. Cependant l'Ordre ne s'empara jamais de places extraordinaires et ses membres se soumirent au commissaire royal comme les autres personnes qui se consacrèrent au service des ambulances volontaires.

Dès le 5 août 1870, je me trouvais à l'arrière-garde ; c'était le lendemain du premier combat de Wissembourg ; jusqu'au 20 du même mois, je fus occupé à conduire sur le théâtre des opérations militaires un grand transport de matériel d'infirmerie, avec plusieurs médecins et vingt aides et infirmiers. Le 4 septembre, je rejoignis l'armée devant Sedan, au-delà de Nancy et de Bar-le Duc. Je fus alors chargé d'un nouveau service, celui de délégué des ambulances à Brigne-aux-Bois et les villages environnants, et je restai là jusqu'au commencement de novembre, après que l'évacuation de tous les malades et blessés eut été terminée.

Après avoir été proposé pour Reims, puis pour Soissons, j'arrivai le 13 novembre à Versailles où je trouvai un ordre de Son Altesse le prince de Pless, daté du 16, qui me confiait l'administration de la délégation de Corbeil, où je devais remplacer aussitôt le délégué en chef des étapes de la III⁰ Armée, le comte Goertz Schlitz, malade.

La délégation de Corbeil était en grande partie composée d'éléments dissemblables et donnait un exemple de la façon dont les ambulances volontaires étaient employées pendant la guerre. Dans cette délégation, qui avait à s'occuper d'une moyenne de 2000 à 2500 malades, étaient réunis tous les services dont se composent ordinairement les ambulances volontaires. A cause de sa situation entre les champs d'opérations de la II⁰ et de la III⁰ Armée, on établit à côté d'elle une autre série d'ambulances dont l'importance de la délégation de Corbeil gênait le développement. Ce furent ces raisons spéciales qui décidèrent le commissaire royal et l'inspecteur militaire à assigner, dès le commencement de décembre, une place exceptionnelle à la délégation de Corbeil.

Celle-ci fut déclarée indépendante, séparée de tout rapport avec le délégué général des étapes de la IIIe Armée, et elle ne resta subordonnée qu'à la commission centrale des ambulances volontaires de Versailles, qui dépendait du commissaire royal. En raison des nombreuses relations qui existaient entre la IIIe Armée (Versailles et le sud-ouest de Paris) et la IIe Armée (Orléans, Loire, etc.), sur la ligne de jonction desquelles Corbeil se trouvait, il parut d'une grande importance de donner au délégué de ce pays une situation qui lui permît, non seulement de se mettre en relation avec l'inspection générale prussienne des étapes de la IIIe Armée et l'inspection générale Bavaroise des étapes, qui avaient toutes deux leur siège à Corbeil, mais aussi de communiquer avec les chefs de la IIe Armée dont la ligne d'étapes, vers la seule voie de chemin de fer, dans la direction de l'Allemagne, touchait à Corbeil. Aussi cette indépendance donna de grandes facilités pour l'administration du dépôt de Corbeil, car les différents dépôts de cette ville devaient, en outre de l'alimentation des ambulances et des stations d'évacuation situées dans le ressort de la délégation, être en mesure de suffire aux réquisitions qui provenaient chaque jour de la IIe Armée et venaient d'Etampes et même d'Orléans.

Les occupations du délégué général des étapes n'avaient été que très insignifiantes à cause de la dispersion des délégations qui lui étaient soumises sur une immense région (de Versailles et ses environs jusqu'à Nancy et Lunéville), et par suite de l'extrême difficulté de ses rapports avec celles-ci; aussi ce poste fut supprimé et les fonctions en furent confiées au grand maître des chevaliers de Saint-Jean, M. de Mitzleben, à Lagny.

Corbeil, ville d'environ 6.000 habitants (1), est située à 3 milles (allemands) et demi de Paris (2); elle s'étend sur les deux rives de la Seine. On y vient de Versailles par Palaiseau et Longjumeau en 3 heures avec de bons chevaux. Lorsque, par une sombre journée de novembre, j'arrivai dans cette ville, l'impression qu'elle me fit fut peu agréable. Le grand pont de pierre était détruit, mais les communications entre les deux rives de la Seine étaient assurées par des ponts volants. Au-dessus de la rive droite, sur une colline qui domine la ville, se trouve le château de Saint-Germain-lès-Corbeil, où s'était établi en septembre le quartier général du

(1) Elle en a 10,000 en 1899 (N. d. l. R.).
(2) 30 kilomètres (Ibid.).

Kronprinz, lors du passage de la Seine par la deuxième armée. Il était alors habité par l'Inspecteur général des étapes de la IIIᵉ Armée et son état-major. La ville elle-même n'offre rien de remarquable, aussi y avait-il peu de logements convenables pour des ambulances. Les environs sont d'une grande beauté comme paysages, au-dessus comme au-dessous de la ville; sur les petites hauteurs voisines de la Seine, se trouve une série de châteaux et de villas qui appartiennent en grande partie à de riches Parisiens. A quelques-uns se rattachent des souvenirs de noms historiques des XVIIᵉ et XVIIIᵉ siècles, noms qui n'ont pas une bonne renommée: Maintenon (1), Pompadour, Montespan, etc. Une grande partie de ces maisons, situées dans les communes d'Etiolles, Soisy, le Coudray, Evry et Ris, avaient été occupées par les ambulances et elles offraient tout ce qui est le plus important pour le bon établissement des malades: une situation saine, de hautes salles bien aérées, des conduites d'eau, des parcs remplis d'arbres, et des caves, où l'on trouva des vins peu communs, d'une valeur inestimable pour donner des forces aux malades et aux convalescents.

Le chevalier de Saint-Jean, baron von Tettau qui, depuis le mois d'octobre administrait la délégation, avait ordre, aussitôt mon arrivée, de se rendre sans retard à Meaux, dont il venait d'être nommé sous-préfet. Aussi ne put-il m'établir que d'une façon sommaire dans mes nouvelles fonctions, et il me laissa seul arriver, par la pratique, à la connaissance des affaires nombreuses et embrouillées qui m'incombaient.

Peu de jours me suffirent pour me convaincre que la délégation avait été en bonnes mains et que les rapports du délégué avec les différentes autorités avaient été jusqu'alors satisfaisants. La circonscription était très étendue et n'avait pas été, à proprement dire, limitée, ce qui avait un charme exceptionnel. De toutes parts on était soumis à des obligations qui demandaient tout notre temps et notre application, aussi les moments de repos étaient rares.

Les autorités supérieures étaient pour le délégué: le commissaire royal et inspecteur militaire, prince de Pless, ainsi que la com-

(1) C'est une erreur: Mᵐᵉ de Maintenon n'a jamais habité les environs de Corbeil (N. d. l. R.).

mission centrale des ambulances volontaires pour la France, à Versailles, qui lui était rattachée ; le chef de cette commission était le grand chambellan héréditaire de Silésie, comte von Maltzan-Militsch. La délégation doit beaucoup à la bienveillante sollicitude de ces messieurs et à leur direction exempte de toute mesquinerie ; il lui fut ainsi permis de déployer une libre activité et de pouvoir agir d'une façon indépendante dans toutes les occasions extraordinaires. On n'avait pas à craindre que l'approbation fût refusée aux mesures prises en dehors des pouvoirs établis. Et cela était une grande force dans une situation qui manquait d'une délimitation précise et dont le ressort n'était pas réglé d'avance pour tous les lieux isolés.

A côté des rapports avec les autorités des ambulances volontaires à Versailles, et aussi avec le duc d'Ujest, commissaire royal suppléant et inspecteur militaire à Berlin, il fallait tenir compte spécialement des relations avec les autorités militaires installées à Corbeil et qui étaient les suivantes :

1° L'Inspection générale royale prussienne des étapes de la IIIe Armée, au château de Saint-Germain-lès-Corbeil, avait à sa tête le lieutenant-général von Gotsh, le chef d'état-major, major von der Goltz, le médecin général, docteur Mehlhausen, et l'intendance.

La création de stations de nuit et de repos, le rassemblement de chariots pour l'évacuation comme pour la fourniture des dépôts, l'établissement d'une nouvelle ligne d'évacuation, donnaient souvent lieu à des conversations avec le chef d'état-major, officier d'une rare habileté, sur l'appui duquel les ambulances volontaires pouvaient compter avec sûreté. C'est ainsi que le médecin général Mehlhausen obtint, sur notre demande, qu'aucune direction ne s'occuperait de nous et c'est lui surtout qu'il faut remercier de ce que l'hôpital des convalescents établi par nous fut soutenu d'une manière considérable par la caisse de l'Intendance.

2° L'Inspection générale royale bavaroise des étapes dans la ville de Corbeil comprenait le major-général von Meyer (1), le chef d'état-major, comte Berri della Bosia, le médecin d'état-major, docteur Grauvogel. Nos relations avec cette inspection étaient

(1) Le général von Meyer était logé dans la maison bourgeoise contiguë aux grands moulins et qui fait face à la Seine. C'était alors l'habitation ordinaire de M. P. Darblay, maire de Corbeil, dont le père habitait le château de St-Germain (N. d. l. R.).

beaucoup plus importantes qu'avec celle de Prusse; cela provenait d'abord de ce que le nombre des ambulances bavaroises à Corbeil et aux environs dépassait de beaucoup celui des ambulances prussiennes, et que l'évacuation était principalement dirigée par les autorités bavaroises. Au quartier général du général von Meyer il y avait appel deux fois par jour; les officiers de son état-major, le commandant de place, les médecins en chef et les commandants des différents hôpitaux devaient y paraître; à midi, j'y venais régulièrement, tandis que le soir le docteur Pollack m'y remplaçait habituellement. Tous ceux qui ont pris part à ces réunions se souviendront certainement de ce général vêtu d'un manteau espagnol, et des discussions qui étaient ouvertes et closes par d'énergiques paroles.

Le délégué avait donc, pour leur aide empressée, une égale reconnaissance à l'inspection générale prussienne et à l'inspection bavaroise. A cause des nombreux points de contact qui existaient, à cause aussi de l'incertitude qui régnait à l'égard des droits, c'était une entente réciproque d'une très grande importance.

3° Le commandement de place. Si l'accord avec tous les officiers fut remarquable pendant tout l'hiver, il le fut aussi avec le lieutenant-colonel von Rudolphe, alors commandant des réserves des hôpitaux. Cependant il devait arriver, à la fin de la suspension d'armes, un événement qui provoqua un conflit entre cet officier et la délégation. C'est le seul cas de différend sérieux que j'ai eu avec une autorité militaire pendant la guerre.

4° Le commandant des étapes était le major prussien von Colomb (1). Avec cette autorité, le délégué eut beaucoup de rapports de service pour les affaires de logement et d'ambulance. Cette fonction était à cette époque tellement chargée d'affaires, que les forces dont elle disposait pouvaient à peine suffire à leurs exigences; elle fut même débordée lorsque, après la destruction du pont volant situé au-dessous de Corbeil (2), tout le transit du Sud et de l'Ouest dût passer par le seul pont existant encore, celui de

(1) Le major von Colomb habitait une grande maison sur le Quai de l'instruction, n° 14. Ses ancêtres étaient de Toulouse. C'est peut-être à cause de cette origine qu'on lui doit d'avoir été plutôt bienveillant, lui qui pouvait faire beaucoup de mal (N. d. l. R.).

(2) Ce pont, qui aboutissait à la ruelle du port du Sabot, sur la rive droite, fut détruit en janvier 1871 par les glaces. Un autre pont, construit en face de la Pêcherie, avait été enlevé également (Ibid.).

Corbeil, pour atteindre la station terminale du chemin de fer d'Allemagne, alors établie à Lagny ; et surtout en février, quand, après la conclusion de la suspension d'armes, les évacuations atteignirent leur plus grande importance.

5° Les médecins en chef des hôpitaux militaires prussiens et bavarois. On parlera des rapports avec ceux-ci dans les renseignements sur les différentes ambulances auxquelles ils étaient attachés.

Aux ambulances volontaires dans la délégation de Corbeil étaient employés :

1° Le délégué directeur (1). — La délégation me fut confiée le 17 novembre 1870 et je restai à sa tête jusqu'après le retrait de nos troupes sur la rive droite de la Seine ; ce fut alors que je reçus ma nomination de délégué en chef à Versailles, mais je n'en continuai pas moins à donner mes soins aux malades et aux blessés laissés sur la rive gauche qui, à partir de ce moment, ne fut plus occupée par nos troupes ; mais comme la partie la plus importante de Corbeil se trouve sur cette rive, nos installations y restèrent encore dans la suite.

2° Le référendaire à la Chambre, docteur H. Pollack, comme chef de bureau et délégué à l'évacuation ; et les étudiants von Mering et Weber comme aides de bureau.

3° Les délégués aux ambulances ou subdélégués : le référendaire à la Chambre J. Pollack, l'architecte Fenner, le comte Emile von Goertz, le chevalier de St-Jean comte von Uetterodt zu Scharfenberg et le baron Ernst von Schenck zu Schweinsberg. Tous ces messieurs, à l'exception du comte Uetterodt, qui reçut en janvier une mission pour Berlin, et l'étudiant von Mering qui fut atteint de la petite vérole, restèrent en activité jusqu'à la dissolution de la délégation.

4° Les administrateurs du dépôt : Rheinhart, Krug, von Beughem et Luther.

5° Le Président de la maison d'asile, Hegnauer.

6° L'écuyer André, occupé au parc des transports.

7° Six diaconesses, dont deux bavaroises.

(1) C'était M. Wardenburg, l'auteur de cette relation. Il avait pris son logement chez M. Habert, Président du tribunal civil de Corbeil, qui demeurait sur le Quai de la porte-Paris (N. d. l. R.).

8º Trente-deux sœurs catholiques (onze de Niederbronn, dont une supérieure, neuf de Würtzburg, huit de Dillenburg, deux de Pirma, deux franciscaines).

9º Dix ambulancières volontaires et trois cuisinières volontaires.

10º Trente ambulanciers volontaires: là étaient représentées les positions les plus diverses: candidats en théologie, étudiants, architectes, marchands, ouvriers, etc.

11º Cinq frères de charité de l'ordre des Jésuites et trois Franciscains; ces derniers furent seulement occupés quelques jours à Evry.

12º Le corps de secours des gens d'Offenbach : dix-huit hommes sous la conduite de l'avocat à la cour, docteur Strecker, munis d'une voiture couverte et de tous les ustensiles nécessaires.

13º Le corps de secours des Palatins, sous la direction de Lange; primitivement composé de vingt-huit hommes, il était déjà réduit, en novembre, à douze hommes.

Les membres de ces deux derniers corps étaient employés principalement dans les hôpitaux de convalescents et aux évacuations; les autres étaient occupés dans nos stations de nuit et de repos. Le corps du docteur Hulwa, de Breslau, qui resta la plupart du temps à Corbeil, fut rappelé de cette ville en novembre et transféré à Soissons.

En somme, pendant l'hiver de 1870-71, environ 140 personnes appartenant aux ambulances volontaires se rendirent utiles dans le ressort de la délégation. Par suite des départs et des arrivées, il y eut quelques changements dans l'effectif, mais ils furent relativement de peu d'importance.

Nous allons indiquer maintenant les locaux qui furent aménagés et administrés par les ambulances volontaires.

CHAPITRE PREMIER

A. — DANS LA VILLE DE CORBEIL (1).

1° La maison d'asile de Corbeil (2) était sous la direction du médecin suisse Hegnauer, avec six ambulanciers, une ambulancière française, une Suisse et une jeune fille pour la cuisine. Cette maison était aménagée pour 100 hommes; en outre, les blessés et les malades qui avaient besoin d'être pansés avant de continuer leur route, ou qui avaient à recevoir d'autres soins médicaux, trouvaient là un accueil empressé; la durée de leur séjour était d'une nuit. Du mois de novembre 1870 jusqu'au milieu de février 1871, 7.478 hommes y furent soignés et nourris; dans ce nombre ne sont pas compris les malades qui furent placés dans l'église protestante, quand la maison d'asile était pleine, ni ceux qui, au moment de l'armistice, furent établis dans les services de santé de Corbeil. Néanmoins la sollicitude des ambulanciers s'étendit également sur tous. Leurs forces suffisaient à peine à toutes les demandes; souvent, vers minuit, il arrivait des convois de blessés et il fallait travailler toute la nuit pour arriver à les panser et à les nourrir tous, car ces convois repartaient le matin à sept heures et il fallait que chacun de ces hommes eût reçu tous les soins nécessaires avant leur départ. Le médecin directeur et tout son personnel montraient dans ces occasions un dévouement qui ne se lassait pas; aussi je fus heureux, après la dissolution de la délégation, de proposer

(1) Les établissements dont il va être question furent organisés et administrés par les ambulances volontaires.

(2) Le local que l'auteur désigne sous le nom de *la maison d'asile,* ne peut être que l'école des garçons, située sur l'ancien quai *Saint-Laurent,* aujourd'hui quai *de l'Instruction* (N. d. l. R.).

au prince de Pless, pour une distinction honorifique, M. Hegnauer
et deux gardes-malades.

Malheureusement, dès le mois de décembre, la maison d'asile
fut privée, par une circonstance singulière, d'un de ses meilleurs
ambulanciers: Au cabinet du roi, était arrivée une requête signée
« Comtesse Moltke », dans laquelle un garde-malade était recommandé, pour son mérite tout à fait remarquable, à sa Majesté,
dans le but d'obtenir une croix. Je fis une enquête qui prouva que
l'homme recommandé avait écrit et signé lui-même la pétition et
que la comtesse Moltke, indiquée par lui, n'avait pas paru sur le
théâtre de la guerre. La révocation immédiate de l'habile homme
en fut la suite nécessaire.

A la fin de janvier, après la conclusion de l'armistice, les évacuations atteignirent leur maximum et, d'accord avec le commandement des étapes, on organisa et on confia, aux soins du personnel
de la maison d'asile, une ambulance pour les passants, établie
dans une orangerie voisine, et une station de nuit de 30 lits, ins-
tallée à la gare du chemin de fer. L'alimentation de ces deux établissements dut être assurée en partie par la cuisine de la maison
d'asile.

2° Une ambulance pour les officiers était établie dans deux maisons de l'avenue Darblay. Leur aménagement eut lieu vers la fin de
décembre, lorsque les trains nous amenèrent d'Orléans, et souvent
la nuit, des troupes et des officiers. On réquisitionna dans la ville
les objets nécessaires, avec l'autorisation du commandant des
étapes. Cette ambulance resta peu de temps en activité, car on
réussit plus tard à introduire une plus grande régularité dans les
évacuations et on choisit alors dans les maisons particulières de
bons logements pour les officiers malades qui arrivaient.

3° Le dépôt n° 1, sur la rive gauche de la Seine, dirigé par von
Beughem et Luther, qui ne fonctionna que jusqu'à la fin de novembre.

4° Le dépôt n° 2, sur la rive droite, sous les ordres de M. Rheinhart et du baron Krug.

5° La maison d'évacuation, sous la direction du délégué docteur
Pollack. Lorsque le docteur Hulma, avec la colonne d'évacuation
de Breslau, en eut le commandement, cet établissement, ainsi
qu'une division du corps palatin, ne resta plus au château de
Trousseau. Il était utile en effet de réunir dans la ville les troupes

qui accompagnaient les colonnes d'évacuation, pour pouvoir en disposer en tout temps. Plus tard les communications devinrent plus difficiles aussi bien avec les dépôts qu'avec les services d'évacuation.

6° Le parc des transports. Pour les besoins des ambulances volontaires et principalement en vue du rassemblement des dons venant des dépôts et des stations de chemin de fer, on avait placé, sous la direction de l'écuyer André, au château de Saintry, un parc de chevaux et de voitures. Au milieu de novembre, il se composait de 15 chevaux et 5 voitures. On manquait de harnais et on ne pouvait mettre de l'ordre dans cette installation que peu à peu. Les voitures furent examinées et le nombre des chevaux fut porté à dix-sept. Je remplaçai les cochers français, loués tout d'abord, leur fidélité étant douteuse, par des volontaires du corps palatin, qui se mirent à ce service avec un zèle digne de louanges. Dans les circonstances particulièrement difficiles, le service général bavarois des étapes nous venait en aide en commandant des soldats du train. L'écuyer André se montrait infatigable dans l'accomplissement de son difficile devoir qui lui imposait des fatigues et des privations. Un grand voyage à Château-Thierry, par Brie-Comte-Robert, Tournan et Coulommiers, pour aller chercher des dons, prit 8 à 9 jours; les voitures étaient très lourdes, les logements mauvais; le remisage et la garde de ces voitures chargées offraient des difficultés extraordinaires dans les arrêts. Les convois se composaient en général de 20 à 30 voitures, en grande partie des charrettes françaises réquisitionnées, et malgré les plus grandes précautions, on ne pouvait pas toujours se garantir des vols, car sur les routes, comme dans les localités, toutes sortes de gens peu sûrs rôdaient autour. On avait aussi à lutter contre le manque de fourrage; il arriva qu'à Corbeil, pendant plusieurs jours, on ne pouvait pas trouver d'avoine et on manquait même de la paille nécessaire. Heureusement qu'on pouvait nourrir les chevaux avec du pain (1).

Vers le milieu de février M. André retourna dans son pays, et il fut remplacé par M. Ad. Dyckerfoff d'Offenbach. Le 7 mars les chevaux et les voitures furent vendus publiquement (2) avec tous

(1) Personne à Corbeil ne se souvient qu'on ait nourri les chevaux avec du pain. (N. d. l. R.).

(2) Sur la place du Marché de Corbeil (Ibid.).

les harnais: le tout produisit 1433 thalers (1). Il était temps, en effet, de se débarrasser de ce matériel qui se détériorait; en outre on nous avait volé deux voitures (2).

Lors de la dissolution de la délégation, le dernier service que rendirent les voitures, fut d'aller chercher le matériel des stations de Brie, Tournan, Coulommiers, et Villeneuve-Saint-Georges; tout ce matériel fut rassemblé à Corbeil, une partie fut vendue, le reste fut renvoyé en Allemagne.

B. — EN DEHORS DE LA VILLE

1. — *L'Hôpital des convalescents de Ris.*

Avant mon arrivée, on avait projeté d'organiser en stations d'asile les deux châteaux de la Briqueterie et de Trousseau, dépendances du village de Ris et éloignés de Corbeil de 5 kilomètres, en aval et sur la rive gauche de la Seine ; on avait déjà fait dans ce sens quelques démarches préliminaires. Mais plusieurs raisons m'éloignaient de ce projet ; d'une part, des entretiens avec l'agent-voyer m'avaient démontré qu'il ne fallait pas songer pour le moment à un service régulier sur la ligne du chemin de fer qui passait devant ces châteaux, parce qu'on n'avait pas de locomotives, mais seulement des chevaux ; d'autre part, tous les moyens manquaient pour établir avec la ville des relations régulières au moyen des voitures ordinaires, et on ne pouvait s'en passer pour une station située en dehors de la ville. En revanche, ces deux châteaux, voisins l'un de l'autre, paraissaient tout à fait propres à l'établissement d'une ambulance : ils avaient de hautes salles bien aérées et faciles à chauffer, trois cuisines (deux à la Briqueterie et une à Trousseau), des salles de bains, de grands approvisionnements frais, des écuries et des remises. Mes négociations avec les directions générales prussiennes et bavaroises des étapes eurent ce résultat, qu'on décida d'essayer d'installer ces châteaux en hôpital de convalescents. Le but était de débarrasser les hôpitaux militaires des gens dont la santé était assez rétablie pour que leur évacuation fût possible, mais qui, n'ayant pas encore retrouvé les forces nécessaires pour reprendre leur service, auraient été renvoyés dans leur pays

(1) Le thaler valait 3 fr. 75 c. (N. d. l. R.).
(2) Ce vol pouvait bien s'appeler une restitution forcée (Ibid.).

et perdus le plus souvent pour l'armée. Leur direction et leur entretien devaient être confiés aux ambulances volontaires, tandis que l'inspection générale prussienne des étapes se déclarait prête à prendre à sa charge les frais de la fourniture, par l'intendance, du pain, du lait, du beurre, des œufs, des pommes de terre, etc. La direction générale bavaroise des étapes nomma le médecin de régiment, docteur Würth, comme médecin directeur et commanda cinq ordonnances pour l'assister. A Trousseau, le médecin de l'Assistance, docteur Rosenhain, fut d'abord chargé du service ; il fut remplacé plus tard par le Dr Jacoby, médecin civil.

Je confiai la direction de ce double établissement à M. J. Pollack, référendaire à la Chambre ; on mit sous ses ordres neuf volontaires d'Offenbach pour la Briqueterie et neuf Palatins pour Trousseau. Pour les remplacer, on envoya de Claye, vers le milieu de décembre, une nouvelle section de gens d'Offenbach, composée de neuf hommes commandés par le Dr Strecker, avocat à la Cour ; dans le même temps, une partie des Palatins retournaient dans leur pays et les autres trouvaient un emploi au parc des transports et à la station de nuit d'Ablon ; quelques-uns revinrent à Trousseau. Dans ce dernier château, la cuisine était confiée aux soins de deux Françaises à gages, auxquelles se joignirent plus tard deux diaconesses et une ambulancière volontaire. Pour la Briqueterie, deux cuisinières arrivèrent en janvier, une jeune fille anglaise, Bianca Light, et une femme bavaroise du nom de Figer, qui, toutes deux, étaient recommandées par l'ambassade prussienne de Florence et le comte Von Castell de Munich, et qui justifièrent en tous points leurs recommandations.

La nourriture saine et abondante qui était distribuée régulièrement aux malades contribua beaucoup aux bons résultats dont nous eûmes à nous réjouir. L'administration avait passé des marchés pour la fourniture de la viande, du pain, du lait, du beurre, des œufs et des pommes de terre, avec des habitants des pays environnants qui étaient toujours étroitement surveillés, et ce ne fut que très rarement que la qualité des aliments donna lieu à des plaintes. Les dépenses occasionnées par ces marchés, passés pour une semaine, variaient de 400 à 800 thalers (1), selon que l'ambulance était plus ou moins importante ; par compensation, la caisse de l'intendance nous faisait régulièrement, pour chacun de ces

(1) Rappelons que le thaler valait 3 fr. 75 en monnaie française (N. d. l. R.).

marchés, une avance de 800 thalers, de l'emploi desquels nous devions rendre un compte exact.

Les ambulances volontaires prirent aussi la direction intérieure de ces deux hôpitaux; selon l'usage, on prit à leurs dépôts les couvre-pieds, les draps, les couvertures de laine, les oreillers, les fauteuils roulants, etc, et aussi le linge de table, la vaisselle d'étain, les couverts et tous les ustensiles nécessaires dans un établissement de ce genre. Ces dépôts fournirent aussi vite que possible tout ce dont l'ambulance avait besoin en vêtements, aliments et réconfortants spéciaux, comme en toutes autres choses. Les besoins étaient multiples, et, pour assurer l'exacte distribution de tous ces objets si divers, je fis dresser l'état suivant de tout ce qui fut livré à l'hôpital dans le courant du mois de décembre:

En vêtements: 120 chemises de toile, 110 gilets de laine, 146 caleçons, 230 paires de chaussons de laine, 108 mouchoirs de poche, 220 ceintures de laine, 114 paires de gants fourrés, 48 châles de laine.

En aliments: 140 livres et un demi-sac de farine de froment, 50 livres de macaroni, 1 sac de riz, 300 livres de sagou, 100 livres de sel, 1 sac 1/2 d'orge, 2 barils 1/2 et 50 livres de beurre de cuisine, 17 jambons, 1 morceau de viande fumée, 2 barils de harengs, 24 livres de fromage, 34 boîtes de conserves de viande, 3 barils de biscuits, 30 boîtes de lait concentré, 10 bouteilles d'huile à manger, 3 barils et 65 livres de café, 20 livres de cacao, 5 livres de thé, 200 livres de sucre, 184 bouteilles de rhum, de cognac et d'eau-de-vie, 1 petite caisse d'eau de Seltz, 200 bouteilles de gros vin, Porto ou Malaga, des clous de girofle, de la cannelle, de la menthe et de la camomille.

J'ajoutai encore 457 livres de tabac et 7850 cigares, des savons, des allumettes, des médicaments de différentes sortes et des désinfectants.

L'Hôpital tirait des magasins royaux, suivant les ordres de l'intendance, tout ce dont il avait besoin en riz, saucisses et autres denrées.

En outre on paya au comptant: pour 169 francs de vin rouge, cognac, vinaigre et autres choses; 744 francs de gages aux cuisinières françaises; 559 francs 39 c. pour les choses nécessaires au ménage, lavage de la maison et des malades, ustensiles de cuisine, fers de chevaux, etc.

Ne sont pas compris dans ce compte les 6.936 fr. 54 c. dépensés pour acheter de la viande, du pain, etc. jusqu'au 25 décembre, argent qu'on avait à rendre à l'intendance.

Jusqu'à la fin de février, époque de la fermeture de l'hôpital (1), la somme qui passa par les mains du référendaire Pollack s'éleva à 50.000 francs environ.

Au commencement, des difficultés de toute sorte entravaient l'administration de M. Pollack ; d'un côté, les médecins militaires voulaient envoyer à cet hôpital surtout des malades ; d'un autre côté il en vint qui ne pouvaient nullement être regardés comme convalescents ; un jour on dut en renvoyer vingt. Le Dr Grauvogel, médecin d'état-major attaché à la direction générale bavaroise des étapes, s'intéressait beaucoup à cet établissement et petit à petit tout rentra dans l'ordre.

Le 28 novembre, la Briqueterie était occupée par 85 hommes et Trousseau par 89 ; par la suite, le nombre total s'éleva successivement jusqu'à 200. M. Pollack montrait de grandes aptitudes pour ses fonctions et était infatigable dans ses efforts pour élever l'hôpital à la plus haute situation possible ; il était d'ailleurs aidé d'une façon continuelle par le Dr Würth ; tous deux s'étaient consacrés aux ambulances volontaires d'une manière toute spéciale. M. Pollack fut récompensé de son dévouement par la croix de fer de deuxième classe. En général, les sections d'Offenbach et du Palatinat rendirent de grands services et leur conduite fut toujours digne de louanges.

Une tenue correcte était exigée et le moindre écart n'était pas toléré ; c'est ainsi que l'un des palatins dut être renvoyé en Allemagne à cause de son ivrognerie et de ses manières inconvenantes.

La façon de voir qui consiste à considérer le bien abandonné comme bien sans propriétaire fut malheureusement mise en pratique plusieurs fois ; cependant ces faits restèrent des exceptions et, en général, nos jeunes gens, qui appartenaient à des classes très différentes de la société, durent fournir des témoignages montrant qu'ils avaient accompli leurs devoirs avec fidélité (2).

---

(1) Par ce mot *hôpital*, l'auteur comprend toujours les deux ambulances de la Briqueterie et de Trousseau (N. d. l. R.).

(2) Ces faits de vols et de rapines restèrent l'exception, dit l'auteur ; ce langage est bien allemand, car la vérité est que c'est le contraire qui fut l'exception. La rapine était plus rare, c'est vrai, chez les officiers ; ils se contentaient de se livrer à

Quelques différends surgirent entre eux qui ne purent pas toujours être évités, mais les chefs, les Drs Strecker à la Briqueterie, et Leschmann qui remplaça le Dr Lange à Trousseau, surent bien maintenir le bon ordre partout et mettre tout le monde d'accord. Tous deux revinrent dans leur pays décorés de la croix de fer.

En janvier, l'un des Palatins, Gustave Hern, de Ludwigshafen, mourut du typhus ; nous l'enterrâmes au cimetière de Ris et la grosse artillerie qui était devant Paris et dont les coups avaient un son allemand, s'associa à notre deuil par des décharges qui pouvaient être considérées comme des salves d'honneur. Le prêtre de l'endroit prononça un discours funèbre analogue à la circonstance, et ses camarades du Palatinat chantèrent sur sa tombe un hymne patriotique.

Les rapports entre supérieurs et subordonnés, comme entre malades et infirmiers, étaient tout à fait satisfaisants. Nous en eûmes une preuve agréable lors de la célébration de la fête de Noel, qui, dans cet hôpital où les convalescents seuls trouvaient place, put avoir lieu sans danger et selon la coutume du pays natal ; tandis que dans les autres hôpitaux, les médecins, et non sans raison, avaient dû s'opposer à cette fête.

Quand le soir du 24 décembre, à l'approche du crépuscule, j'entrai au château de Trousseau (en route j'avais distribué quelques petits cadeaux aux malades isolés de l'hôpital d'Evry), je trouvai une salle ornée avec magnificence de guirlandes de fleurs, d'orangers, de plantes diverses, de casques entourés de lauriers et d'armes de toutes sortes. Au milieu de la vaste pièce se dressait un grand sapin décoré avec des banderolles aux couleurs allemandes, prussiennes et bavaroises ; des gâteaux apprêtés par les convalescents, de grandes andouillettes de Hambourg, des pipes et autres objets y étaient suspendus. Des chaises avaient été préparées pour moi, le référendaire Pollack et les médecins.

Lorsque les malades, dont beaucoup, en dépit de leur état de convalescence, inspiraient encore une grande pitié, furent entrés, Leschmann nous souhaita la bienvenue dans un discours improvisé qui s'adaptait très bien aux circonstances et qui ne manqua pas de faire impression sur les malades. De mon côté je fis une

l'intempérance, et Dieu sait comme ! mais les soldats laissés à eux-mêmes étaient de vrais pillards ; la pauvre ville de Corbeil en a conservé de cuisants souvenirs. (N. d. l. R.).

courte réponse aux assistants. Les cadeaux, consistant en vêtements de laine, pipes et autres menus objets, étaient sur une
table, avec une rangée de bouteilles de vin ; de la sorte chacun
avait son plaisir préféré devant les yeux. Le château lui-même
formait le fond de l'arbre de Noel ; il avait été façonné en
papier, de la façon la plus exacte, par un des volontaires d'Offenbach. Tous avaient travaillé à cette décoration qui réjouissait la
vue et au milieu de laquelle chacun était agréablement placé. Une
grande émotion se lisait sur les traits de beaucoup de ces jeunes
gens à peine guéris, qui se sentaient remplis de joie après une
longue période de douleur et retrouvaient là un doux souvenir du
lointain foyer paternel.

Je trouvai une fête semblable à la Briqueterie ; le Référendaire
Pollack et un sous-officier y firent chacun un discours fort gracieux
à mon endroit ; j'y répondis en quelques mots, heureux de leur
exprimer ma reconnaissance. Je serais resté là volontiers toute la
soirée, mais je devais retourner à Corbeil. Pendant le trajet, le
froid pénétrant et la campagne couverte de neige étaient bien faits
pour rappeler à mon esprit le pays natal. Heureusement il n'arriva
pas ce jour-là de malades d'Orléans et du moins ces pauvres gens
n'eurent pas à souffrir du froid.

L'hôpital des convalescents subsista jusqu'au 25 février 1871,
et, à peu d'exceptions près, ceux qui y vinrent purent s'en aller
guéris après un séjour plus ou moins long. Malheureusement je
n'ai pas conservé de notes sur le nombre des hommes qui y furent
admis et renvoyés plus tard à leur corps.

L'établissement d'hôpitaux de convalescents sur le théâtre de la
guerre, à côté des ambulances volontaires, devrait être l'objet,
pour une guerre future, d'une attention sérieuse ; on ne semble pas
l'avoir suffisamment compris dans les instructions du service de
santé en temps de guerre (1). En effet, pendant la dernière campagne, notre hôpital de Ris fut, à ma connaissance, le seul de son
espèce.

II. — LA STATION DE NUIT D'ABLON

Dès les premiers engagements et combats d'Orléans, au commencement de décembre, je fis une démarche à Versailles pour
obtenir l'établissement d'une station de nuit à Ablon, alors point

(1) Paragraphe 109, sous-titre 5 de ces instructions.

terminus de la ligne Orléans-Etampes-Paris. La commission centrale ne pensa pas tout d'abord devoir accepter cette proposition ; le comte Maltzan était d'avis qu'à cause de la proximité de Villeneuve-Saint-Georges, une station de repos était suffisante pour faire face aux nécessités présentes. Cependant, avec l'assentiment de l'inspection générale bavaroise des étapes, j'établis dans un rapport la presque impossibilité de secourir de suite des malades arrivant en voiture à Villeneuve-Saint-Georges, presque toujours le soir et, d'après un rapport du délégué von Lücken, l'encombrement de cette même station de Villeneuve ; alors on accueillit ma proposition et on m'autorisa en même temps à charger de la direction de la station d'Ablon le baron Ernest von Schenck, qui m'avait été envoyé peu de temps auparavant pour être employé dans nos établissements. Une enquête faite par moi, de concert avec le médecin général Mehlhausen, avait établi que les bâtiments nécessaires ne manquaient pas dans le village ; tout d'abord trois maisons qui paraissaient propres à l'établissement des malades, furent installées dans ce but et arrangées le mieux possible pour recevoir environ 200 blessés. Un médecin militaire y séjournait et le docteur Mehlhausen y fit venir six ambulanciers volontaires, inutiles à Brie-Comte-Robert pour le moment.

Le baron Schenck s'était rendu de suite à Ablon avec quatre Palatins ; plus tard arriva une section de gens d'Offenbach et de Duisburg. Il eut pour commencer une situation difficile, mais, avec de l'énergie et de la volonté, il réussit à mettre l'établissement sur un bon pied. Les malades, parmi lesquels étaient beaucoup d'amputés, étaient très difficiles à alimenter, car on manquait presque complètement d'ustensiles de cuisine. Le 12 décembre, j'apportai l'indispensable, marmites, couteaux, cuillers etc., et je mis à la disposition de la station deux chevaux avec un équipage tiré de notre parc des transports ; on pouvait ainsi venir chercher regulièrement des vivres à Corbeil.

Von Schenck et ses hommes se livraient avec zèle à leurs obligations et ils se conduisirent fidèlement, au milieu de privations de toutes sortes, jusqu'au milieu de février, après l'ouverture de Paris. Alors la station de Juvisy, sur le chemin de fer d'Orléans à Paris, fut rétablie et Ablon se trouva sur la ligne d'évacuation qui allait à Lagny en passant par Villeneuve-Saint-Georges.

A Ablon se passa un des rares événements, où il y eut conflit entre les membres des ambulances volontaires et les autorités militaires. Un médecin exigea d'un homme d'Offenbach, qui lui servait de brosseur, qu'il lui enlevât ses bottes, celui-ci ayant refusé, le médecin réclama l'aide d'un officier, un lieutenant, qui mit en prison, seulement pour une nuit, l'homme d'Offenbach. Une plainte s'ensuivit et je demandai un rapport au baron Schenck. La réponse fut que le médecin et l'officier étaient pris de vin et l'affaire se termina sans que, de mon côté, j'eusse besoin d'adresser une plainte aux autorités supérieures.

III. — LA STATION DE REPOS DE JUVISY

A la suite d'une décision de la commission centrale, en date du 17 février, cette station fut établie au point de jonction des lignes de Corbeil-Paris et d'Orléans-Paris, dans le but de rendre aux malades qui y arrivaient les forces nécessaires pour attendre les soins qu'on devait leur donner plus tard à Paris. D'après les clauses de la suspension d'armes, le chemin de fer de ceinture était mis à notre disposition pour les malades. Différentes circonstances et principalement les événements qui se produisirent à Paris et qui amenèrent de grandes irrégularités dans l'envoi des trains, avaient donné à la station de Juvisy une grande activité. Les troupes qui arrivaient étaient soignées par le baron Schenck qui était établi à Ablon et avait ordre de tirer de notre dépôt de Corbeil tout ce qui lui était nécessaire. Avec des ambulanciers d'Offenbach et du Palatinat il établit une cuisine et un magasin dans une maison inhabitée près de la gare et fut, en peu de jours, en situation de pouvoir fournir des aliments chauds à 300 ou 350 hommes. Cependant toutes ces peines devinrent bientôt inutiles, la guerre tirait à sa fin et, dès le 25 février, von Schenck demanda son rappel à cause du manque d'occupation et on fit droit à sa demande. Le 26 eut lieu la signature des préliminaires de la paix et, le 28, leur acceptation par l'Assemblée nationale française de Bordeaux.

IV. — LA STATION DE NUIT D'ORSONVILLE

En raison des nombreux blessés de la bataille du Mans, dont l'évacuation devait se faire en partie par Chartres et Etampes, la ligne de Chartres-Versailles étant trop encombrée, l'inspection générale des étapes de la IIIe armée résolut d'établir une station de nuit dans le village d'Orsonville, situé près d'Auneau, entre Etampes et Chartres. On y mit un médecin militaire et on me pria d'y envoyer quelques personnes habiles qui installeraient les salles nécessaires et pourraient aussi donner des soins aux malades. Comme Orsonville était bien en dehors de la zone de la délégation de Corbeil, je pensai pouvoir refuser cette demande, mais l'Inspection insista et alors je fis apprêter tout ce qui était nécessaire pour les soins à donner aux malades et aux blessés. Après avoir informé la commission centrale de cette situation et fait connaître au délégué général de la IIe armée, baron von Szedlitz-Neukirch, à Orléans, les mesures que je venais de prendre, j'envoyai le chef du corps d'Offenbach, le docteur Strecker, avec quatre hommes à Orsonville ; je le fis pourvoir, par notre dépôt, des choses nécessaires au premier établissement de la station et je priai notre délégué à Etampes de vouloir bien donner suite à l'avenir aux réquisitions venant d'Orsonville. Etampes appartenait à la zone de la IIe armée, mais le dépôt était presque exclusivement alimenté par Corbeil.

Le docteur Strecker partit le 30 janvier pour Orsonville où il fit une installation pour soigner la nuit 120 malades. Il en arrivait en moyenne 60 à 80 par jour, ce nombre fut parfois dépassé et on dut même en mener une partie à Auneau, qui était tout proche. Comme les colonnes portaient ordinairement avec elles leurs vivres, on n'avait pas beaucoup de réquisitions à faire au dépôt d'Etampes. L'activité de nos hommes et de leur habile chef pour l'installation, les soins et l'approvisionnement des malades, fut soutenue, et, en outre des travaux occasionnés par la succession continuelle des passants, ils donnèrent encore leurs soins à la bonne tenue et au nettoyage de tous les objets en usage.

La dissolution de la station eut lieu le 21 février et ce qui y restait fut dirigé sur le dépôt d'Etampes.

La direction des secours sur le champ de bataille était en dehors des attributions de la délégation. Cependant les combats de Champigny donnèrent occasion à plusieurs personnes de montrer leur activité. Dans la nuit du 2 décembre, le docteur Pollack, le baron Schenck, le comte Goertz, von Mering et Weber arrivèrent sur le champ de bataille au moment de la retraite des Français. De nombreux blessés étaient étendus çà et là dans les vignes et derrière les murs, à portée des coups encore échangés entre les avant-postes et en même temps exposés au feu continu des forts. On s'empressa de les secourir, surtout de donner des réconfortants à ceux qui souffraient beaucoup du froid, et on s'occupa tard dans la nuit du transport des blessés aux ambulances les plus proches. Dans une maison du village de Champigny, qui avait été du 30 novembre au 2 décembre aux mains des Français, on trouva 5 soldats français qui, blessés le 30, avaient été laissés sans secours, sans bandages et sans nourriture. Naturellement ces Français reçurent les Allemands comme des sauveurs, et l'un de ces malheureux s'écria que le personnel de santé français considérait les blessés, même ceux qui l'étaient le moins grièvement, comme des morts. Plusieurs exemples d'un oubli complet de leur devoir me furent donnés à moi personnellement sur des médecins français dans le cours de cette campagne, et je trouvai là une confirmation du jugement défavorable que j'avais porté, après la bataille de Wissembourg, sur l'esprit régnant dans le corps de santé français (1).

(1) Ce passage est bien d'un allemand et d'un allemand haineux. Wardenburg, l'auteur, non content d'exalter sans cesse les siens et lui-même, donne ici un libre cours à sa haine et à son esprit malveillant; il est bien avéré cependant, et toutes les relations de la guerre en font foi, que tous les médecins militaires français ont fait preuve, dans cette triste campagne, de la plus grande abnégation et de tout le dévoûment possible.   A. D.

CHAPITRE II

En jetant un coup d'œil sur les hôpitaux militaires du ressort de la délégation, je remarquai d'une façon évidente que l'action des ambulances volontaires ne pouvait être qu'une aide en quelque sorte parallèle de ceux-là; l'exercice de nos ambulances était limité très exactement et placé entièrement sous les ordres des autorités militaires. D'autre part les rapports avec celles-ci firent que les limites ne furent pas toujours exactement observées. Des dispositions prises d'avance exigeaient des efforts supérieurs aux moyens dont nous disposions, en outre nous avions un personnel tout à fait insuffisant.

D'après les instructions des médecins en chef, les délégués des ambulances devaient prendre soin des blessés; en même temps ils devaient faire venir des dépôts des ambulances volontaires tous les aliments, réconfortants, médicaments et autres choses, qui ne pouvaient pas être tirés des magasins militaires, ou qui ne pouvaient l'être à temps. Régulièrement, le médecin donnait un ordre que le délégué remplissait par un certificat ou transmettait lui-même à l'administration du dépôt. Le délégué devait aussi être un appui moral pour les malades, et certes, dans cette occupation, il pouvait déployer une activité très salutaire en procurant au malade, par des conversations amicales, des consolations et des encouragements, le rassurant par des entretiens et des lectures, facilitant ses relations avec ses parents. L'utilité de ce devoir devait entrer dans l'esprit des membres des ambulances volontaires, car écrire une carte-lettre, c'est rendre un grand service à celui qui ne peut pas lui-même conduire sa plume, et l'on est largement payé par le tranquille sourire du malade auquel on apporte des nouvelles de son pays, ou dont on transmet les pensées et les désirs dans une lettre qui contient souvent ses derniers témoignages d'affection. Pour ces légers services nous reçumes souvent de chaleureux remerciements des parents de nos malades. On procure une consolation et une joie salutaires en prêtant aux pauvres alités des livres, des revues, des journaux politiques et surtout des journaux illustrés. Les librairies et les rédactions qui nous les ont fournis se sont attiré une véritable reconnaissance de la part de nos malades: au nom de ces derniers, je remercierai les librairies de Ed. Hallberger, de Stuttgart; Weber, de Leipzig; Hofmann, de Berlin; G.-L. Lang, de Spire et les rédactions des journaux de Cologne, de Silésie, et de Breslau.

Des délégués de Corbeil, je fus celui qui put s'occuper le moins de ces délicates attentions envers les malades, car mes nombreux travaux ne me laissaient que peu de temps libre. C'était pour moi une grande privation et souvent je pensais à Brigne-aux-Bois, près de Sedan, où j'avais eu occasion de voyager avec quelques malades.

Plusieurs parmi nos employés déployèrent dans ce genre de soins une très louable activité, se conformant d'une façon remarquable aux prescriptions édictées à ce sujet, et dont les médecins en chef leur avaient fait comprendre la grande utilité.

Le personnel employé dans les hôpitaux des ambulances volontaires (diaconesses, sœurs et frères de charité, ambulanciers et ambulancières volontaires) était placé sous les ordres du commissaire royal, tout en relevant du délégué désigné; mais, sous le rapport du service, il dépendait du médecin en chef. Je ne cite pas ici les noms des délégués aux différents hôpitaux afin de ne pas paraître trop partial envers les ambulances volontaires.

A. — RIVE GAUCHE DE LA SEINE

1° *La Ville de Corbeil.*

L'architecte Fenner était chargé de la surveillance des hôpitaux des ambulances volontaires dans la partie de la ville située sur la rive gauche; là se trouvait l'hôpital principal bavarois de campagne, n° IV, sous la direction du médecin d'état-major docteur Schmaltz. Les malades étaient établis dans onze maisons, dont une pour les galeux, et une pour les variolés; à la fin leur nombre s'élevait à 680. Les membres des ambulances volontaires qui y étaient employés étaient : un habitant de Niederbronn, huit de Dilling, cinq sœurs de Wurtzburg, neuf ambulanciers, dont cinq de Duisburg. En outre des onze ambulances et de la maison d'asile, on réquisitionnait souvent l'église St-Spire et le temple protestant pour les blessés qui arrivaient tard dans la nuit. Les soins à leur donner incombaient surtout aux médecins de service dans cette partie de la ville et occupaient souvent très tard les ambulancières.

Le 17 janvier, un grand malheur arriva dans un hôpital : vers neuf heures du matin, le feu prit tout à coup au théâtre lyrique (1), une des onze maisons mentionnées plus haut, et, rapidement, les flammes s'étendirent sur tout ce bâtiment qui était rempli de malades et de blessés ; on ne les sauva qu'avec beaucoup de difficulté. Une grande partie du matériel fut brûlé et un des ambulanciers eut une jambe brisée et devint invalide ; j'eus encore, en 1884, à faire un rapport sur cet événement, à l'occasion d'une enquête qui fut ordonnée lors de l'avènement au trône de l'empereur Guillaume.

2° *En dehors de Corbeil.*

Le délégué directeur eut aussi à surveiller le personnel des ambulances volontaires employé sur la rive gauche de la Seine, en amont et en aval de la ville ; il dut en outre veiller à l'entretien des hôpitaux et des dépôts. En amont de la ville, au Coudray (2), était établie la 4ᵈ ambulance prussienne de campagne du XIᵉ corps d'armée, sous la direction du médecin d'état-major docteur Schmidt-Ernsthausen, avec 350 malades, répartis dans quatre châteaux. Au milieu de novembre, je n'y trouvai pas de personnel volontaire ; cependant, comme quelques infirmiers militaires étaient malades, on y plaça, en décembre, deux ambulanciers et trois ambulancières, une anglaise et deux hambourgeoises. Ces dernières, qui avaient été envoyées de Kiel avec trois habitants du Holstein par la comtesse Charlotte de Rantzau, m'avaient été adressées par le médecin général ; elles se trouvèrent très malheu-

(1) Cette salle, située à l'entrée de la rue Féray, a été reconstruite peu après et sert encore de théâtre aujourd'hui. Elle était alors tout en bois, aussi flamba-t-elle comme un feu de paille (N. d. l. R.).

(2) Le Coudray, à 5 kilom. de Corbeil, sur la rive gauche (Ibid.).

reuses au Coudray, car, au lieu de soigner les malades, on les employait à laver le linge. Ces malheureuses jeunes filles, dont une était très jolie, seraient parties sur le champ si je ne leur avais adressé de pressantes supplications qui ne firent d'abord que peu d'impression sur elles. On se trouvait en effet dans une position des plus difficiles. Il était presque impossible de trouver des ambulancières volontaires pour s'occuper de la cuisine et des lessives, et cependant cela est d'une grande importance en campagne. Dans la prochaine guerre il faudra s'occuper spécialement de cette question. Au Coudray, une femme Simon, employée à ces petits travaux, a montré en 1870-1871 une grande activité qui lui a valu la reconnaissance de tout le personnel.

Nos malades souffraient beaucoup et le docteur Schmidt me disait un jour qu'il lui semblait vivre au milieu de bêtes sauvages, tant leurs accès de fièvre étaient horribles et bruyants, surtout la nuit.

Dans le superbe château du duc de Reggio, on avait largement célébré la fête de Noël, et le lendemain il y eut une fête de nuit, à laquelle je fus invité. Un candidat en théologie prêcha sans grand succès, mais le recueillement était profond et l'on ne pouvait maîtriser l'émotion qu'inspirait la vue de tous ces hommes pâles et amaigris qui s'agitaient autour de l'arbre de Noël. Après le dîner, où se trouvèrent réunis un grand nombre de médecins, d'ambulanciers et d'ambulancières, et auquel assista le maire de l'endroit, l'arbre de Noël fut illuminé et un quatuor chanta le morceau : « C'est le jour du Seigneur ». On recommença plus tard ce cantique dans la grande salle des malades, mais à voix basse ; ce chant, dans un tel milieu, était émotionnant, mais il parut peu toucher les malades qui étaient, hélas! abattus par le typhus et avaient une fièvre violente.

En janvier, il fut question de la suppression de cet hôpital de campagne, mais un contre-ordre arriva à ma grande satisfaction et cet utile établissement continua à fonctionner jusqu'à la paix.

En aval de Corbeil, quatre châteaux, Mousseau, Beauvoir, les Tourelles et Petit-Bourg (1), furent occupés par le 10e hôpital de campagne, du vie corps d'armée, placé sous la direction du médecin d'état-major docteur Schulze ; cet hôpital fut remplacé dans la

(1) Ces quatre châteaux sont tous situés sur la commune d'Evry-Petit-Bourg. (N. d. l. R.).

suite par un hôpital de campagne du IIe corps, avec le docteur
Beuster, pour directeur ; il comprenait 350 places, et le personnel
se composait de onze ambulanciers laïques, cinq frères de charité
de l'ordre des Jésuites, et, pendant quelque temps, cinq franciscains, trois ou quatre ambulancières volontaires et deux diaconesses. Ces châteaux contenaient de grandes salles et leur situation
salubre, sur des hauteurs dominant la Seine, était très convenable
pour un établissement de malades.

Tandis que le Coudray était éloigné de Corbeil d'environ une
lieue, les maisons d'Evry commençaient tout près de la ville ;
aussi la visite de cet hôpital était-elle très facile et je pouvais
veiller continuellement sur notre personnel qui y était occupé.
Mais il y survint des conflits de toutes sortes entre les médecins
militaires et les ambulanciers volontaires des deux sexes, à tel
point qu'il y fallut mon intervention personnelle pour y ramener
l'accord nécessaire entre des personnes appelées à remplir une
mission commune.

Les premières plaintes vinrent des Jésuites, qui avaient été
amenés à Corbeil par le grand maître de Malte, comte Stolberg ;
ceux-ci prétendaient qu'ils avaient été gênés dans l'accomplissement de leurs devoirs religieux par un médecin qui était juif, et
ils racontaient des détails qui paraissaient justifier leurs plaintes.
Je réussis cependant à mettre tout le monde d'accord, et ces frères,
dont les remarquables services excitaient la plus grande reconnaissance, restèrent ;longtemps à l'hôpital d'Evry ; dans la suite, la
meilleure intelligence régna entre ceux qui s'y trouvaient. En janvier les Jésuites furent rappelés à Orléans et ils partagèrent les
regrets que nous éprouvions de nous séparer d'eux.

Les trois frères franciscains, au contraire, ne pouvaient pas être
en bons termes avec l'hôpital militaire ; dès le commencement ils
étaient très mécontents de la place qui leur avait été désignée et
exprimaient déjà, au bout de peu de jours, leur désir de trouver
une autre occupation. Le médecin en chef n'avait rien à objecter
contre leur départ, aussi j'adressai au Baron von Ketteler, delégué
de l'ordre de Malte à Etampes, une proposition les concernant, à
laquelle il donna suite immédiatement.

Quelques ambulancières, envoyées vers Noël, donnèrent lieu à
des difficultés d'une autre sorte : leur remarquable, mais trop énergique Directrice, ne pouvait vivre d'aucune façon avec le médecin

en chef qui manquait un peu d'initiative. Cette Dame travaillait très bien, mettait elle-même la main à tout, frottait les parquets et déployait, il faut bien le reconnaître, une louable activité. Mais ses prétentions en tout étaient très grandes. Les scènes qui avaient souvent lieu entre la sœur A..., avec laquelle était d'accord une autre ambulancière, et les médecins militaires, étaient parfois très comiques, mais malheureusement les disputes ne cessaient pas. Tantôt un des partis venait me trouver à Corbeil pour m'exprimer ses plaintes, tantôt je devais aller à l'hôpital pour rétablir la paix; ces femmes parlaient toutes ensemble avec un flux de paroles tout à fait extraordinaire. Les « sœurs » combattaient pour leur droit véritable, ou prétendu tel, avec une grande vigueur et sans se lasser; même pendant les repas, elles ne laissaient pas de repos à leur adversaire et arrivaient par leurs critiques mordantes à obliger le médecin à se retirer de la table commune. Ces difficultés rendirent tout à fait impossible un plus long séjour de la sœur A. à Evry; ou elle, ou le médecin devait s'en aller. J'en référai au médecin général auquel la dame était spécialement recommandée, et je réussis à obtenir son envoi à Melun. Cette décision profita grandement à l'ambulance qui, dans sa position indépendante, put alors faire beaucoup de bien.

Ce fut encore par le fait d'une autre ambulancière volontaire que s'accrurent les désagréments et les difficultés; celle-ci s'était présentée à moi à la fin de décembre, munie de papiers d'identité et de bons renseignements, et je l'avais envoyée à l'hôpital de Petit-Bourg où elle avait été bien accueillie. Mais, presque aussitôt, la sœur Catherine se sentit blessée parce que l'indépendance promise ne lui était pas laissée; elle se plaignait continuellement et exprimait ses plaintes en pleurant à chaudes larmes. Cette « Catherine en larmes » se laissa emporter un jour jusqu'à déclarer que les envois faits par le dépôt à l'hôpital ne parvenaient pas aux malades; cette accusation souleva chez les médecins et tout le personnel masculin une légitime indignation. Je me rendis sur le champ à l'hôpital, et j'acquis la certitude, en interrogeant les malades, que tous avaient confiance en leurs sommeliers, échansons, etc.. Cela me donna l'occasion de me convaincre qu'il régnait dans l'hôpital un ordre exemplaire.

Sœur Catherine dut être retirée, le médecin intervint lui-même en sa faveur; il avait encore présent dans sa mémoire le souvenir des discussions avec sœur A..., et il pensait qu'avec l'inimitié de deux femmes, la réputation de tout homme était compromise.

Ces circonstances me firent retarder le transfert de l'ambulance de Petit-Bourg au château de Mousseau. Lorsque je revins à la fin de janvier d'un voyage d'affaires à Orléans, je ne trouvai plus la dame ; elle s'était éloignée secrètement et tout faisait présumer qu'elle s'était retirée chez un homme des ambulances volontaires avec lequel elle disait avoir travaillé auparavant. Un avis de Versailles décida le renvoi de « Catherine en pleurs » dans son pays.

Dans le paragraphe précédent, j'ai fait mention d'événements peu importants en eux-mêmes, mais qui montrent combien étaient difficiles les relations avec certaines ambulancières. Sur le théâtre de la guerre, elles paraissent capables de se consacrer à la guérison des malades, mais elles ne sont pas habituées à la subordination et à l'obéissance. La plupart de ces femmes étaient remplies de zèle, fidèles à leurs devoirs et modestes, mais il se trouvait parmi elles des personnes peu propres à l'emploi qu'elles avaient choisi ; des natures langoureuses, ayant besoin d'amour, se consacraient avec plaisir aux officiers convalescents ; à côté d'elles il y en avait qui, dénuées de toute délicatesse et importunes à l'excès, étaient dans un hôpital un grand embarras pour les médecins comme pour les malades, telle par exemple cette ambulancière qui, à Reims, demandant à un officier gravement malade si elle ne pouvait pas encore faire quelque chose pour lui, s'attirait cette réponse : « Certainement, madame, c'est de me laisser tranquille ». Plus d'un délégué se souvient peut-être encore de cette dame ; du reste, des caractères de ce genre se sont présentés bien souvent aux médecins et aux délégués. Heureusement les bonnes infirmières furent de beaucoup les plus nombreuses et elles se sont attiré une reconnaissance universelle ; aujourd'hui encore beaucoup se souviennent d'elles avec plaisir.

L'Hôpital de campagne du II⁰ corps fut dans une situation difficile, quand, au milieu de décembre, il détacha une ambulance à Evry, car l'ambulance précédente avait emporté en se retirant tous les objets fournis par les ambulances volontaires, couvertures de laine, matelas, etc. A cette époque nos dépôts étaient peu fournis par suite des nombreux envois que nous avions faits sur Orléans ; il y eut donc dans plusieurs châteaux des installations mauvaises.

A Petit-Bourg je trouvai beaucoup d'hommes, gravement malades du typhus, qui étaient couchés sans couvertures dans des chambres insuffisamment chauffées. Un rapport à ce sujet fut adressé au médecin général qui vint lui-même à Evry, où il fut saisi d'émotion à la vue de la douloureuse situation de ces malheureux. La responsabilité de ces faits remontait aux autorités militaires, surtout à Petit-Bourg, où cependant le nouveau médecin, le docteur Guttmann, se montrait supérieur. Cet accident m'engagea à demander à l'inspection générale prussienne des étapes de vouloir bien donner aux médecins en chefs des hôpitaux tous les objets qui ne sont pas susceptibles de s'abîmer par l'usage, tels, par exemple, les couvertures, matelas, instruments de chirurgie et autres choses semblables, et de les faire livrer le plus promptement possible par les dépôts des ambulances volontaires ; cette demande me fut accordée.

Par mes nombreuses démarches, je fus à même à Evry d'être utile à quelques malades. Il y avait dans cet hôpital beaucoup d'officiers, les uns blessés, les autres atteints du typhus ; je pus les secourir, non seulement en leur apportant des réconfortants divers, mais encore en m'occupant de leur évacuation au moyen de voitures confortables, que je réussis et non sans peine à me procurer. Je recevais aussi dans ce pays beaucoup de lettres de parents de nos malades, surtout des mères, où, à côté de sentiments d'affection, je trouvais souvent un profond patriotisme qui allait jusqu'à sacrifier au roi et à la patrie ce qu'ils avaient de plus cher, la vie de leurs enfants. C'est avec une grande émotion que je relis encore maintenant plusieurs de ces lettres, entre autres celle d'une dame von K. de Silésie, dont le fils, volontaire d'un an au régiment de dragons de Neumark, resta longtemps à la maison Pageot, gravement malade du typhus. En janvier, je pus laisser le jeune volontaire K. sortir convalescent de l'hôpital et je connus, par une lettre de sa mère, son heureuse arrivée dans son pays.

Chose etrange, quoique bien explicable, nombre d'officiers malades s'occupaient, dans leur délire, de la croix de fer ! Un lieutenant D., à Petit-Bourg, disait sans cesse qu'il avait été proposé au roi pour être nommé de première classe : puisse cette hallucination être devenue une réalité !

L'hôpital de campagne resta à Evry jusqu'à la signature des préliminaires de la paix.

B. RIVE DROITE DE LA SEINE

1. La ville de Corbeil et le château de Saint-Germain-lès-Corbeil.

Les délégués des hôpitaux, en activité au mois de novembre, furent successivement le comte Gœrtz fils, dont la résidence fut à Etiolles-Soisy, et le baron von Schenck, qui fut envoyé à Ablon au commencement de décembre; l'architecte Fenner prit alors la direction de la partie de la ville située sur la rive gauche.

L'Hôpital bavarois n° 1 fut ouvert sous la direction du médecin régimentaire Tutzscheck. Progressivement le nombre des malades s'éleva à 300, répartis dans huit maisons; il y avait en outre un hôpital de variolés, un de galeux et deux maisons d'asile (1). Le personnel des ambulanciers volontaires se composait de deux diaconesses, deux franciscains et deux infirmiers; en janvier, deux nouvelles diaconesses furent encore affectées à cet hôpital.

Ici, comme sur la rive gauche, les bâtiments choisis comme hôpitaux n'étaient pas en rapport avec les exigences sanitaires, mais il n'y avait pas d'autres endroits pour les établir. Malgré cela la proportion de la mortalité ne se montrait pas trop défavorable, comparée à celle des autres ambulances; il faut en être reconnaissant à l'habileté et aux bons soins du médecin résidant.

Après la signature des préliminaires de paix, la rive gauche de la Seine fut évacuée par nos troupes, le docteur Tutzscheck prit alors la direction des malades laissés dans cette partie de la ville, et il eut à souffrir mainte iniquité de la part de la populace française, malgré la présence d'un bataillon de chasseurs bavarois laissé de ce côté-là du pont (2).

Parmi les hôpitaux cités ci-dessus, l'établissement des galeux mérite une mention particulière, car il présentait un caractère spécial. Un soir qu'une enquête sur un soldat disparu me conduisait à cet hôpital, j'aperçus, du vestibule où j'étais entré, une pièce uniquement éclairée par un grand feu de cheminée; le parquet était

---

(1) C'est toujours par le nom de « maison d'asile » que l'auteur désigne les écoles.

(2) J'ai bien connu le Dr Tutzscheck, c'était un brave homme très conciliant qui était considéré par la population en général. L'assertion de l'auteur est ici encore contraire à la vérité.

Quant au bataillon de Bavarois, il était resté sur la rive droite, des sentinelles seulement gardaient l'entrée et la sortie du pont, mais aucun de ces soldats ne pouvait pénétrer dans la ville.   A. D.

couvert d'une épaisse couche de paille et, devant le grand feu qui brûlait dans le fond de la pièce, apparaissaient environ huit formes humaines; les uns complètement nus s'occupaient avec ardeur à se frotter le corps avec de la pommade du Pérou; d'autres, enfouis dans des couvertures de laine, se blottissaient autour de la cheminée dans des positions extraordinaires; on se serait cru dans le Groënland, parmi les Esquimaux. Cette scène nocturne eût été digne d'être livrée à la postérité par le pinceau d'un peintre réaliste.

Il se trouvait par hasard dans l'hôpital n° 1, un grand nombre de Weimariens du 94ᵉ régiment d'Infanterie, celui du Grand-Duc de Saxe; ce régiment avait pris part aux combats livrés au nord d'Orléans et avait subi de grosses pertes; je m'occupai beaucoup de ces hommes et si ma sollicitude envers eux fut efficace, elle fut surtout aidée par son Altesse royale la Grande Duchesse de Saxe, qui mit à ma disposition des secours extraordinaires destinés aux soldats Weimariens. Ces secours ne visaient pas seulement l'indispensable, car ils me permirent en différentes occasions de procurer à ces braves, non seulement des soulagements, mais encore des satisfactions qui les rendaient heureux. Pour les fêtes de Noël, les soldats Weimariens ne furent pas les seuls des hôpitaux de Corbeil auxquels on pensa, car la Grande Duchesse poussa si loin une charité véritablement digne de la mère du pays, qu'elle fit parvenir à tous les soldats du 94ᵉ régiment les gâteaux de Noel de leur pays (les petites bottes) avec des cigares, du tabac et autres douceurs. Par les soins du major général von Egloffstein, cet envoi rejoignit, au commencement de janvier, dans les environs de Chartres, le régiment en marche sur le Mans. On m'a raconté plus tard que les soldats avaient placé triomphalement les gâteaux desséchés à la pointe de leurs baïonnettes, et chantaient en marchant le refrain suivant :

Chère patrie, tu peux être tranquille,
Le général Egloffstein apporte les gâteaux.

A cause de la grande pénurie de véhicules, ce n'était pas un petit travail de rassembler six voitures pour amener deux convois de dons venant de Lagny. On ne put le faire que grâce à l'influence du Grand-Duc qui séjournait à Versailles. De Lagny m'arrivèrent les objets destinés à Corbeil et, dans la nuit de Noël, je pus préparer, pour les malades, quelques petites étrennes que je plaçai devant leurs lits. Les moyens dont je disposais me suffirent pour réjouir avec de simples bagatelles tous les malades couchés dans la même chambre que les Weimariens ; s'il n'avait pu en être ainsi, ils auraient eu tout de suite à l'esprit le sentiment d'une injustice.

La serre située dans le parc du château de Saint-Germain-lès-Corbeil fut destinée spécialement aux officiers qui arrivaient. En me rendant, le soir du 9 décembre, à une invitation à dîner du général von Gotsch, je fus tout surpris d'y trouver six officiers du 94ᵉ régiment, le capitaine von Steuben, le lieutenant von Ketelholdt, le vice-sergent-major Bergfeld, et trois réservistes ; ils venaient de Poupry, et tous, heureusement, étaient si peu grièvement blessés que leur évacuation en Allemagne pouvait se faire dès le lendemain.

Ce fut pour moi une surprise bien agréable de rencontrer des amis si loin de mon pays. Habitué que j'étais à vivre avec des mourants et des hommes gravement malades, la vue de gens légèrement blessés et dont le caractère n'était pas aigri me procurait une douce satisfaction. M. von Steuben, qui ne pouvait se coucher que sur le ventre, nous amusait, malgré l'incommodité de sa position, par des saillies d'une gaieté réconfortante.

Par extraordinaire, les deux maisons d'asile, organisées par les autorités militaires bavaroises, furent mises en réquisition pour les hommes épuisés et légèrement malades. Pendant quelque temps on projeta d'établir aussi sur cette rive de la Seine un hôpital de convalescents, mais on ne donna pas suite à ce projet.

Les ambulanciers et les ambulancières volontaires, surtout les deux diaconesses, s'attirèrent la pleine confiance du personnel médical et il ne s'éleva aucune difficulté ni pour le délégué des hôpitaux, ni pour moi.

II. EN DEHORS DE CORBEIL

Etiolles et Soisy.

Il y avait dans ces deux villages six ambulances bavaroises de l'hôpital général de campagne Nᵒ V, sous la direction du médecin d'Etat-major docteur Besnard, réparties en 15 maisons, avec 1.000 lits, dont 500 à 700 furent successivement occupés.

Le délégué des ambulances était le comte Goertz junior, le personnel se composait de dix sœurs de Niederbronn, dont une supérieure; deux sœurs de Pirma et deux ambulancières volontaires.

Ces deux villages, situés en aval de Corbeil et voisins l'un de l'autre, se composent en grande partie de maisons semblables à des châteaux ; leur situation et leur installation intérieure offraient des avantages inusités pour leur emploi comme ambulances. Leurs propriétaires, pour la plupart riches parisiens, s'étaient retirés à Paris à l'arrivée de nos troupes. Les autorités bavaroises eurent donc toute facilité pour s'installer dans ces habitations abandonnées. Ces différents châteaux avaient été désignés par les soldats sous les noms caractéristiques de *château des Chiens, du Commandant, de la Supérieure, des Veuves, le Haut-Château*, etc. Le château des chiens, ainsi nommé à cause des deux chiens de pierre qui ornent la porte d'entrée du parc, avait été primitivement la demeure de Madame de Maintenon (1) et appartenait alors à une dame Violet (2), qui avait abandonné, dans sa hâte de partir, une grande partie de ses affaires de toilette, petits pots de fard, cheveux et autres objets.

Dès mon arrivée à Corbeil il y eut des difficultés, car cette dame se plaignit au prince Putbus, qui résidait à Versailles comme délégué d'armée au quartier général du Kronprinz, de la destruction prétendue de son bien par le personnel de l'ambulance ; elle prétendait que les médecins qui y résidaient avaient enlevé les souvenirs de la Maintenon (3) et les meubles historiques et s'en étaient servis comme de combustible. Je fis une enquête qui me démontra que cette plainte était sans fondement, et j'en eus la preuve en me faisant conduire dans la chambre où les beaux objets mentionnés par Madame Violet étaient conservés ; je trouvai cette chambre habitée par une aimable dame écossaise, qui n'avait pas besoin des artifices de la toilette et qui, pour le moment, consacrait ses forces aux ambulances volontaires.

Le Château du Commandant tirait son nom du commandant de

(1) C'est le château d'Etiolles que l'auteur désigne ainsi ; seulement il renouvelle l'erreur qu'il a déjà commise en parlant de madame de Maintenon, qui n'a jamais habité notre pays : c'est la marquise de Pompadour qui a possédé et habité le château d'Etiolles (N. d. l. R.).

(2) M. Violet, propriétaire du château d'Etiolles, était entrepreneur de travaux publics ; il prit une part importante à la construction du théâtre de l'Opéra de Paris. (Ibid).

(3) *Sic*. Madame de Maintenon toujours mise au lieu et place de la marquise de Pompadour (ibid.).

l'hôpital qui y habitait. Ce grade n'existe pas dans l'armée prussienne, mais seulement dans l'armée bavaroise.

Le château de la Supérieure était la résidence de la supérieure de nos sœurs de Niederbronn qui y habitaient également. Au château des Veuves il n'y avait pas de veuve, mais le médecin d'état-major Besnard, et je n'ai pas compris pourquoi on avait désigné ainsi cette habitation. Le Haut-château à Soisy est ainsi nommé à cause de sa situation en haut du coteau qui domine le village.

De grands services furent rendus par les sœurs de Niederbronn et leur supérieure, la sœur Bonaventure. Celle-ci, d'une nature énergique, rappelant par sa physionomie la figure de la nourrice dans l'effrayant tableau des sept corbeaux (1), donnait des soins minutieux aux nombreux officiers qui, dans le courant de l'hiver, trouvèrent un cordial accueil au château de la supérieure ; elle s'est acquis de leur part des droits exceptionnels à leur reconnaissance. Un grand nombre de ces messieurs, soignés dans cette ambulance, m'ont écrit pour me demander d'user de ma haute situation pour proposer la sœur Bonaventure pour la croix de fer ; je fis mon possible pour y réussir.

Le comte Gœrtz était en très bons termes avec les sœurs catholiques et leur supérieure, et il n'y eut qu'une fois des difficultés avec le personnel des ambulances placé à Etiolles. Au château des Chiens, on employait surtout des gens de Niederbronn ; avec eux se trouvait l'Ecossaise dont je viens de parler ; celle-ci avait avec elle sa femme de chambre, une jeune Vaudoise, sur la conduite de laquelle la sœur Bonaventure avait émis des soupçons, ce qui arrive trop souvent malheureusement entre femmes ; il en était résulté une lutte opiniâtre à laquelle un jeune médecin militaire fut aussi mêlé. On réussit, en partageant la maison, à obtenir la paix : les infirmières protestantes avec le jeune médecin eurent l'étage supérieur du château, les sœurs catholiques exercèrent leur influence au rez-de-chaussée. Je me rappelle avec reconnaissance cette dame écossaise, mistress Chr... qui, de ses propres mains, préparait pour les malades des réconfortants et des rafraîchissements de différentes sortes ; elle obtint aussi, par l'entremise du dépôt anglais de Versailles, la possession d'ustensiles d'hôpital de qualité supérieure. Souvent je surpris cette dame en train de remuer, avec

(1) Quelque tableau allemand, inconnu en France, probablement (N. d. l. R.).

l'aide de sa femme de chambre, des pots et des bassines devant le feu de la cuisine, je la traitais en plaisantant de sorcière, mais c'étaient là des bienveillantes et jolies sorcières qui préparaient leurs utiles maléfices.

Un événement, douloureux pour nous, fut la mort subite de la sœur Amarina, de Niederbronn ; le 15 janvier, je la trouvai malade depuis vingt-trois jours et, le 20, nous l'enterrâmes au cimetière de Soisy. Un père capucin prononça sur sa tombe un discours funèbre qui rappelait beaucoup la manière d'Abraham de Santa Clara ; il parla beaucoup du paradis et compara les riches à des rosiers, les pauvres à des hachettes. Ce discours était peu propre à porter à la dévotion, mais, dans leur cœur, tous les assistants étaient remplis de pitié pour cette jeune femme qui s'était sacrifiée à un trop lourd devoir. Une autre sœur catholique succomba aussi de la petite vérole, pendant l'hiver, et, de la même maladie, mourut à Corbeil le père Jésuite Kockemann, de Paderborn. Il était professeur à Oxford et devait être placé, à ce qu'on disait, à l'Université de Bombay. Ce fut avec un douloureux intérêt que je suivis le corps de cet homme dévoué qui, toujours actif, s'etait trouvé dans toutes les ambulances de la ville et des environs ; même gravement malade, il ne cessa pas cependant de donner une assistance spirituelle à ses coreligionnaires, et fut ainsi victime de sa fidélité à accomplir son devoir. On l'ensevelit le 14 janvier au cimetière de la ville, où d'autres Allemands avaient déjà trouvé leur lit de repos.

Les rapports des ambulances volontaires avec les médecins militaires, surtout avec le médecin d'état-major, docteur Besnard, étaient très satisfaisants ; nous avions souvent des conversations avec ce dernier et il me faisait part de ses expériences. Je remarquai surtout ses observations sur l'opiniâtreté et la tendance à la résistance des différentes races allemandes ; les Bas-Allemands (Hanovriens, Holstinois) sont les plus tenaces, et se montrent dans les maladies et les blessures les plus durs pour eux-mêmes ; aussi retournent-ils en général volontiers à leurs corps de troupes après leur guérison. Un habitant du Holstein, un nommé Bruhn, qui se trouvait à l'ambulance du château des chiens, justifia, à ma grande joie et d'une façon tout à fait complète, la bonne opinion du médecin d'état-major sur mes compatriotes : quoique blessé grièvement à la main et souffrant beaucoup et continuellement, il ne perdit pas un instant sa bonne humeur et égayait toute la salle des malades par ses rudes saillies et des histoires comiques qu'il racontait dans son langage bas-allemand. Un autre habitant du Holstein, qui arriva à Corbeil avec un coup de feu dans la partie supérieure de la cuisse, disait en riant : « Eh bien! quoi? il n'y a rien a dire, un estomac du Holstein peut tout supporter ! » Malheureusement, on peut douter, d'après l'expérience, que les jambes du Holstein soient aussi solides que les estomacs de ce pays.

Je dois parler encore des médecins militaires français, et, sur ce sujet, je me trouvai entièrement d'accord avec le docteur Besnard. Après la bataille de Wœrth, celui-ci a trouvé à Reischoffen 31 amputés français, tous mal amputés, et d'autres qui l'étaient d'une façon tellement insuffisante, qu'il n'a pu en sauver qu'un seul. Moi-même, le matin qui suivit la bataille de Wissembourg, je trouvai, au lever du soleil, plusieurs médecins militaires français, prisonniers, se promenant tranquillement devant la gare, tandis que, dans les maisons voisines, un grand nombre de blessés français étaient couchés sans pansement. J'exigeai d'eux, d'une façon polie, qu'ils secourussent leurs compatriotes, mais ils s'y refusèrent formellement et j'eus besoin de les sommer de le faire pour les décider à me suivre dans les maisons les plus proches. Alors, là, toute l'activité de ces médecins se borna à demander aux blessés, (cétaient presque tous des turcos), le numéro de leur régiment et de leur bataillon, pour les noter sur leurs carnets (1). Le temps me manquait pour importuner plus longtemps ces messieurs, car il y avait beaucoup à faire sur le champ de bataille et je dus abandonner à leur sort médecins et malades. Je m'assurai d'autre part que messieurs les turcos ne sont pas des malades faciles, car, voulant porter secours à un blessé de cette catégorie, il tira aussitôt un grand couteau de sa gaîne pour me remercier; il fallut le lui enlever de force et je le conserve comme un souvenir de cette sauvagerie; l'on se demande comment se seraient conduits ces turcos en Allemagne si la fortune de la guerre avait été favorable aux Français ? Un peuple civilisé ne devrait pas se servir de ces bêtes sauvages comme soldats, surtout en Europe; on pourrait

(1) L'auteur n'a pas encore exhalé toute sa haine et il revient à nouveau sur cette calomnie méchante. D'ailleurs l'exagération de son récit est tellement évidente qu'elle lui enlève toute créance. Nous ne pouvons que renvoyer à ce que nous avons déjà dit à ce sujet à la note de la page 22 (N. d. l. R.).

tout aussi bien lâcher sur l'ennemi des animaux féroces ! (1).

Je fis à Sedan les mêmes observations qu'à Wissembourg sur les médecins français. A la suite des stipulations de la capitulation, un nombreux personnel médical de l'armée prisonnière fut laissé dans la place pour secourir de son côté les nombreux Français étendus çà et là dans la plaine. Pendant la semaine suivante, on vit messieurs les médecins généraux, en brillant uniforme, suivis d'autres médecins et d'ordonnances, aller et venir dans les environs, mais il ne leur vint presque jamais à l'esprit de consacrer leurs forces à soigner leurs compatriotes. Il est vrai qu'ils n'étaient pas désirés, car tous les Français suppliaient qu'on leur amenât des médecins allemands. A Brigne-aux-Bois, on avait installé, dans une école, une ambulance, dûe à la Baronne Evain, où étaient soignés des allemands et des français et qui était dirigée par des médecins allemands ; les soins étaient donnés par des sœurs françaises. Un jour, le commandant de place, je ne sais pour quelle raison, voulut remplacer les médecins allemands par un docteur français de Sedan ; les sœurs et les malades français firent une vive opposition à cet ordre ; la baronne et l'aumônier de la maison me supplièrent d'en obtenir le retrait. J'y réussis, ce fut alors une grande joie et on m'en remercia cordialement. A partir de ce jour, la baronne, dont j'habitai le château quelques semaines, me fit servir au dîner, en outre du vin de table, un vin plus fin, et, lorsqu'en 1875, je retournai à Brigne-aux-Bois, je fus reçu comme un vieil ami par les sœurs et par l'abbé Morel qui, en récompense de ses services, avait été élevé, par un ordre du pape, au titre d Monseigneur. J'eus aussi la joie d'avoir par eux des nouvelles de mes protégés français pendant tout le temps qu'ils avaient vécu réunis.

Une bonne situation, des soins, des médicaments, l'excellente installation intérieure des ambulances, tout cela réuni contribuait à donner des résultats favorables pour le rétablissement des malades à Etiolles aussi bien qu'à Soisy.

Au 1er janvier 1871, le nombre des malades était de 664 et, jusqu'au 31, il descendit graduellement jusqu'à 365. La plus grande mortalité eut lieu le 10. Les affections régnantes étaient le typhus, les maladies d'estomac, la dysenterie et des fièvres brûlantes.

(1) C'est toujours le vieux refrain de ces doux allemands : Pas de zouaves, pas de turcos, pas de francs-tireurs ! Ah ! les bons apôtres ! (ibid).

La mortalité a été de 4, 56 o/o, pour le typhus et elle s'est élevée à 12 o/o pour la dysenterie.

Les chiffres qui précèdent ont été extraits d'une statistique qui a été dressée pour les hôpitaux de Soisy-Etiolles pendant le mois de janvier 1871. Dans l'hôpital général bavarois n° IV (rive gauche de la ville de Corbeil), la mortalité s'éleva, pendant ce même mois de janvier, à 7 o/o; pour le typhus en particulier, à plus de 14 o/o, car dans quelques maisons, la proportion monta jusqu'à 18 et même 20 o/o.

Dans le village de Draveil, situé au nord de Soisy, il y avait une ambulance établie dès les premiers jours de décembre et dont je n'eus connaissance que par hasard. Là, sous la direction du médecin du village (1), étaient soignés surtout des Français blessés à la bataille de Champigny, parmi eux se trouvaient plusieurs officiers. Cet établissement était soutenu par une dame distinguée (2) qui, par exception, n'avait pas fui à l'approche de nos troupes, résolue qu'elle était à ne pas abandonner les tombes de son mari et de ses enfants. Le chevalier de Saint-Jean, Comte Vetterold-Scharfenberg, auquel on n'avait pu jusqu'ici confier une place importante, remplit à Draveil les fonctions de délégué des hôpitaux, et, lorsque dans la seconde moitié de janvier, il fut envoyé à Berlin, à la demande pressante du prince de Pless, je me rendis moi-même à Draveil, Soisy n'en étant éloigné que de 3 à 4 kilomètres.

Dans ses efforts dignes d'éloges, le médecin français était soutenu d'une façon efficace par deux médecins d'une colonne de pontonniers prussiens qui séjournaient dans ce village. Le médecin général, docteur Mehlhausen, chargea alors un médecin civil allemand, le docteur Conradi, qui arrivait de Constantinople, de l'installation plus complète de cette ambulance, où les Allemands purent être reçus et bien accueillis. On pouvait subvenir en grande partie aux besoins de l'ambulance par des réquisitions dans ce riche village ; aussi nos dépôts ne la fournissaient qu'exceptionnellement.

---

(1) Le Dʳ Rouffy, popularisé par les romans d'Alphonse Daudet et si aimé à Draveil que la population lui éleva un monument sur la place du village ; c'est une fontaine surmontée de son buste (N. de la R.).

(2) Madame Pécoul, née de Lauriston, qui fit preuve, dans cès tristes circonstances, d'un rare dévoûment.

Au milieu de Décembre il y avait à Draveil 31 blessés français et 54 Allemands malades, la plupart convalescents ; ceux-ci étaient spécialement répartis en neuf maisons, dont 3 châteaux et un couvent (1). Une dame allemande, madame Passoir, s'occupait des malades avec un grand dévoûment. Cette ambulance était donc dans un état satisfaisant sous tous les rapports.

Après la conclusion de la suspension d'armes, un hôpital militaire bavarois arriva à Draveil.

Je terminerai ce chapitre sur les Ambulances en empruntant un chiffre au nombre total des malades et des blessés qui furent reçus dans le ressort de la délégation, depuis le mois de Novembre 1870 jusqu'à la fin de février 1871 : En un mois, du 23 décembre au 23 janvier, 6358 malades y furent soignés Sur ce nombre, 4491 furent évacués sur l'Allemagne, et 1000 environ retournèrent à l'Armée.

Quant aux proportions de la mortalité dans les différentes ambulances, cette statistique pourrait fournir des indications instructives, surtout si l'on comparaît la mortalité dans les villes à celle des campagnes.

Ce travail, je me proposais de l'entreprendre à Corbeil, mais la multitude des affaires n'a pas permis aux médecins des divers hôpitaux de me fournir les renseignements que je leur avais demandés sur ce sujet, et j'ai dû, et non sans regret, renoncer à mon projet.

III

Pendant la guerre, les dépôts avaient une grande influence sur l'activité des ambulances volontaires.

Là, étaient rassemblés les mille objets nécessaires aux hôpitaux ; tout cela venait d'Allemagne, ainsi que les cordiaux et les douceurs pour les convalescents. Ces dépôts relevaient du Comité central des Sociétés formées à Berlin pour le secours en campagne des blessés et des malades.

Ce Comité nommait les administrateurs et donnait des instructions pour la direction du service. Tout en tenant compte de l'emploi de toutes les ressources, les directeurs des dépôts nommés

(1) Ce couvent était le Pensionnat des dames de St-Thomas de Villeneuve, fondé par une grande Dame, Madame de Beufvier, née de Raigecourt et filleule de Madame Élisabeth, sœur de Louis XVI.

par le comité central avaient à obéir aux ordres des délégués du commissaire royal et des inspecteurs militaires. Cette situation était fort regrettable, en ce sens qu'elle créait des difficultés de toutes sortes et qu'il en résulta fréquemment des incidents fâcheux dont la responsabilité ne me fut pas épargnée.

A mon arrivée à Corbeil je trouvai deux dépôts, l'un sur la rive gauche de la Seine, sous la direction de Beughem et Luther, l'autre sur la rive droite, dirigé par Reinhart et le baron Krug ; les approvisionnements vinrent d'abord de Château-Thierry, plus tard du dépôt principal de Meaux. La station de chemin de fer la plus rapprochée ne pouvait être atteinte, comme je l'ai dit plus haut, qu'en trois ou quatre jours, de telle sorte que l'aller et le retour exigeaient au moins une semaine. Ce n'était qu'au prix de fatigues extraordinaires qu'on pouvait se procurer les ressources dont on avait besoin pour les ambulances situées dans le ressort de la délégation et, en même temps, suffire aux exigences d'autres postes éloignés qui s'adressaient à nos dépôts pour satisfaire leurs besoins. Si tout en général a réussi, il faut en remercier, d'une part, les soins excellents du service des transports, d'autre part, l'aide efficace qui nous fut donnée par les autorités militaires ; celles-ci se donnaient toujours la peine de mettre à notre disposition les voitures nécessaires, soit par une réquisition de véhicules chez les habitants, soit en nous prêtant des voitures du train, ou une délégation de soldats pour la conduite des voitures rassemblées. Le sous-préfet de Corbeil, le baron von Feilitsch, nous offrit en cela, comme en autres choses, un concours plein de bonne volonté ; l'intervention des autorités était souvent nécessaire pour forcer les municipalités à améliorer les routes, dont l'état devenait peu à peu très dangereux.

Une grande difficulté pour l'approvisionnement résidait dans ce fait que l'arrivée des transports venus par chemin de fer, n'était presque jamais annoncée suffisamment à l'avance ; un télégramme envoyé d'Allemagne, ou d'une station française, nous prévenait qu'un envoi était en route ; on réussissait alors, en combinant ses efforts, à se procurer des voitures en nombre suffisant, on les envoyait à Château-Thierry, ou plus tard à Meaux, et les voitures devaient bien souvent attendre plusieurs jours avec les équipes de service, et quelquefois revenir à vide à Corbeil sans avoir rien reçu.

Comme exemple des difficultés auxquelles devait faire face le service des transports, je rapporterai le fait suivant : le 19 novembre, 24 voitures, sous la conduite de l'écuyer André, étaient parties pour Château-Thierry ; un avis arriva ensuite de cette ville disant qu'il fallait venir chercher rapidement le chargement de trois wagons, de telle sorte que 29 voitures durent de nouveau être mises en mouvement le 24 novembre; l'écuyer André, à son retour, ne put donc donner à ses hommes et à ses chevaux qu'un jour de repos et il repartit de nouveau pour Château-Thierry. Aussi longtemps que la station d'embarquement pour les évacués fut réunie au lieu d'approvisionnement, ou située dans son voisinage, les voitures envoyées pour l'évacuation purent prendre, comme chargement pour le retour, les envois destinés au dépôt, mais cette facilité n'exista plus lorsque Lagny devint le point terminus du chemin de fer et que le départ des évacués eut lieu de cette station, tandis que le dépôt principal resta à Meaux comme auparavant. A Lagny, on réussit une fois, par exception, à avoir un chargement de retour, parce que Versailles et ses environs se fournissaient près de Lagny.

Il n'est pas possible de savoir ce qui fut amené aux dépôts de Corbeil jusqu'au milieu de mars 1871, en objets d'ambulance, vivres, boissons, etc, pas plus que ce qui fut partagé entre les divers hôpitaux de la délégation, parce que les écritures sont insuffisantes à cet égard. Pour avoir un aperçu de la quantité et de la variété des envois d'Allemagne arrivés à l'armée, il faudrait se reporter au rapport, publié par le Prince de Pless, sur l'activité des ambulances volontaires allemandes, dirigées par l'inspecteur militaire ; il s'y trouve, sous le titre III, un relevé des objets que le dépôt central de Berlin a envoyés, jusqu'au 23 mars 1871, aux dépôts qui dépendaient de lui, aussi bien qu'à l'armée allemande directement.

Du dépôt central (pour ne citer que quelques chiffres), furent expédiés et distribués en tout 900 envois, divisés en 97.379 colis. 921 wagons furent employés à ces transports. Pour l'achat de toutes ces fournitures, la caisse eut à débourser 707.400 marcks. En outre les dons de toutes sortes affluaient en grandes quantités et le Comité central les joignait utilement à ses envois. D'un autre côté, de nombreuses expéditions furent faites de la même manière par les sociétés des villes anséatiques. Les dépôts situés sur le théâtre de la guerre en reçurent pendant toute la durée des hostilités, sans compter les dons des sociétés de province et des pays étrangers.

Au point de vue du choix et de la qualité des marchandises, les

envois de Hambourg et de Brême méritent une mention particulière ; ils se composaient de viande fumée, de saucisses, de produits
coloniaux, de vins, etc. Tout était excellent, rien ne manquait,
pas même le champagne, qui fut très utile pour les hommes gravement atteints du typhus.

Vers la fin de décembre, le comité de la société des femmes de
Souabe et de Neubourg fit parvenir aux Bavarois un envoi qui remplissait seize voitures ; il vint aussi de la bière de Bavière en grande
quantité et elle fut reçue avec une joie extraordinaire. Mais ce
que les blessés désiraient le plus c'était du tabac et des cigares.
Tout mauvais qu'étaient ces cigares, ils les aimaient, et, quand on
vint à en manquer, la tristesse s'empara des ambulances ; on aurait
supporté plus facilement la famine.

Le comité central seul a envoyé en France 11.644.550 cigares
et 124.340 livres de tabac. Malgré que les dépôts fussent en
général en mesure de suffire à toutes les exigences raisonnables,
il y eut cependant des jours où la disette régna au lieu de l'a-
bondance.

Dans la première moitié de décembre, après les combats et les
batailles au nord de la Loire, arrivèrent d'Etampes, d'Orléans
et du délégué au 1er corps d'armée bavarois, comte Drechsel, à
Orgères, des demandes d'un caractère vraiment effrayant ; nous
dûmes faire l'impossible pour subvenir de suite aux besoins
pressants qui nous étaient signalés. Je fis partir successivement
de grands convois pour Etampes, Pithiviers, Toury, Vendôme
et Orléans, et, sur les ordres de la Commission centrale, ces
fournitures furent continuées jusqu'à la fin de décembre et même
jusqu'au nouvel an. La commission centrale veilla aussi à ce
que les objets de toute nature arrivés à Lagny fussent dirigés sur
Corbeil par les colonnes de Francfort, pour être expédiés ensuite
par le chemin de fer dans diverses directions.

Les hommes nous manquèrent souvent pour faire un chargement
rapide et aussi les voitures nécessaires ; il en résulta que les ambulances volontaires se virent obligées d'agir parfois de leur propre
initiative. Ainsi, le 8 janvier, le docteur Pollack s'empara d'un train,
composé d'une locomotive et de cinq wagons, pour le conduire le
lendemain à Orléans avec un chargement d'objets d'ambulance,
pendant qu'en même temps un second envoi y était dirigé par
étapes dans des voitures.

Si, dans ces occasions, il y eut une grande initiative personnelle, elle fut légitimée par l'urgence des circonstances, et il n'en résulta aucun blâme de la part des autorités militaires, qui avaient été elles-mêmes mises en réquisition d'une façon exceptionnelle.

Pendant tout le mois de décembre, la IIe armée, avec le 1er corps bavarois et la division du grand-duc de Mecklembourg, eurent à soutenir des combats continuels au nord de la Loire ; à la fin de l'année ses positions s'étendirent de Chartres, au-delà de Château-dun et de Vendôme, jusqu'à Blois. Dans le même temps, le 1er corps bavarois, auquel nos secours affluaient, était entièrement détaché de la ligne de bataille et envoyé au nord de Corbeil pour y servir de réserve. Aussi la direction bavaroise des étapes et le comte Drechsel, qui avait suivi le général von der Tann à son quartier général de Grosbois, m'adressaient des lettres qui exprimaient une chaleureuse reconnaissance pour le dévoûment que nous appor-tions aux ambulances volontaires.

Vers la fin de décembre, il y eut fusion entre les deux dépôts qui existaient auparavant. Déjà, par mon intervention, de nom-breuses difficultés avaient été aplanies entre les directeurs du dépôt n° 1 et quelques délégués des hôpitaux. Lorsqu'on eut appelé l'atten-tion sur ces directeurs, les ordres donnés rendirent leurs fonctions plus lourdes, et même un refus catégorique fut opposé aux instruc-tions des délégués. Ces événements me forcèrent à demander à la Commission centrale le rappel des deux directeurs ; il y eut après cela des difficultés entre la Commission centrale de Versailles et le Comité central des sociétés allemandes de Berlin ; elles abou-tirent, à la fin de décembre, au renvoi des deux directeurs, qui fut ordonné aussitôt par le délégué du Comité central, M. von Simpson Georgenburg, à Meaux. A cette occasion, le principe que les chefs des dépôts devaient une obéissance absolue aux ordres des délégués, autant que l'état du dépôt le permettait, fut reconnu d'une manière formelle. La direction du dépôt unique fut alors confiée au propriétaire Reinhart ; on lui donna trois aides et il justifia son mérite par son zèle et sa remarquable connaissance des affaires dans ces fonctions où le devoir était difficile et exigeait une somme de travail extraordinaire.

En dépit de la reconnaissance souvent formulée des droits appar-tenant aux délégués du commissaire royal, il survint encore plus tard des discussions fâcheuses avec les autorités du Comité central. Des plaintes tout à fait dénuées de fondement, émanées de plusieurs dames et visant la direction du délégué résidant, plaintes dont on avait eu connaissance à Berlin par une voie indirecte, trouvèrent là un écho, mais amenèrent de mon côté un démenti formel.

Les approvisionnements des dépôts étaient destinés exclusivement aux malades, mais souvent on fut tenté, à bon droit, d'en faire profiter des gens bien portants, et il ne manqua pas de demandes dans ce sens : des compagnies de passage se plaignaient du manque complet de gilets et de ceintures de laine ; les hommes de la landwehr voulaient être complètement munis de vêtements de dessous par les ambulances volontaires ; le poste bavarois s'engageait cependant à donner à ses compatriotes des objets de laine, depuis des foulards jusqu'à des caleçons et des bas ; mais des soldats isolés vinrent en grand nombre, avec ou sans certificat de médecin ; ils laissaient des réclamations à propos du manque de vêtements de dessous, et la valeur de ces réclamations n'aurait pu être fixée que par une visite locale. Des officiers convalescents envoyaient aussi des pétitions d'un caractère tout différent : l'un d'eux demandait cinq chemises de laine et ajoutait à cette demande une longue liste de comestibles, disant que « d'après mon amabilité bien connue » je n'hésiterais pas à lui envoyer ce qu'il me demandait, et il terminait en exprimant l'espoir que je serais porté de ma propre volonté à y joindre « encore autre chose ».

On avait surtout de la compassion pour les pauvres postillons qui, au son joyeux du cor allemand, apportaient à la ville les lettres du lointain pays natal. Non seulement leurs membres étaient exposés au froid par les nuits glacées d'hiver, mais encore leur vie était menacée par la balle d'un franc-tireur tapi en embuscade. Souvent, en faveur de ces derniers, et même aussi dans d'autres occasions, je me suis écarté de la règle, strictement suivie en général, qui voulait que les dépôts ne secourussent que les malades ; notre aide ne fit même pas défaut aux blessés français, lorsque la misère de ceux-ci, arrivant par milliers, par un grand froid d'hiver, était trop grande. (1) D'ailleurs il ne fut pas possible de

(1) L'auteur s'efforce ici de faire montre de générosité, mais les faits acquis le démentent. D'abord il ne venait pas de blessés à Corbeil, qui était en dehors de la ligne d'investissement de Paris ; d'autres ambulances, rapprochées du théâtre des opérations, les recevaient. Il n'en était pas de même des prisonniers français qui, en effet, passaient par milliers à Corbeil, d'où ils étaient dirigés sur Lagny et l'Al-

s'accorder sur cette question de la distribution des secours, et il y eut des endroits où de nombreux envois de ce genre furent faits à des soldats en activité.

Certains membres des ambulances volontaires émettaient des prétentions tout à fait extraordinaires : ainsi, par exemple, une ambulancière à Etampes, madame von H., d'une maison religieuse, désirait pour ses officiers des rôtis de venaison, des asperges, des pois verts, des huîtres et du champagne, et croyait pouvoir se plaindre amèrement parce qu'on n'avait pas pu prendre en considération une partie de ses désirs ; d'autres infirmières, dans de hautes positions, envoyaient des demandes d'une telle diversité que, si on leur avait donné suite, les dons d'un envoi de Hambourg auraient été à peine suffisants. Les rapports des médecins sont remplis de ces exemples.

Au commencement de la suspension d'armes, lorsque les trains d'Allemagne se succédaient sans cesse plus nombreux et que les communications étaient rétablies avec les endroits éloignés, il arrivait des demandes des hôpitaux militaires de la IIe Armée, établie très loin (à Sens, Beaune-la-Rolande, etc.) et, en général, on pouvait y donner suite. L'approvisionnement par l'Allemagne était alors singulièrement facilité par les nombreux trains sanitaires arrivant par le chemin de fer, et les voitures spéciales qui étaient désignées pour le transport du matériel d'hôpital.

Dans les travaux des ambulances volontaires, c'est bien l'activité des dépôts qui a droit à la plus grande reconnaissance ; la direction de celui de Corbeil pourra réclamer une part de ces louanges si largement distribuées (1).

lemagne. Plus de 40,000 y ont passé et couché, entassés dans les églises et les magasins, et celui qui a vu le spectacle navrant de ces misères ne l'oubliera jamais. C'est bien de ceux-là que veut parler notre auteur gallophobe, et nous, les témoins attristés de leur horrible détresse, nous donnons un éclatant démenti à ces prétendues velléités de générosité à l'égard des prisonniers français, car tout le monde à Corbeil s'est multiplié pour les nourrir, les vêtir et bien des fois même pour les faire évader. Tous les Français restés à Corbeil ont vu tout cela, beaucoup se sont dévoués, risquant leur liberté, mais personne n'a vu nos malheureux compatriotes secourus par les Allemands. La seule justice qu'on puisse leur rendre, et je n'hésite pas à le reconnaître, c'est qu'ils ont quelquefois soigné dans leurs hôpitaux des malades français, prisonniers tombés en route de misère et de froid, ou d'autres, évacués des ambulances plus rapprochées du théâtre de la guerre.   A. D.

(1) On voit que l'auteur, toujours injuste et méchant pour les Français, n'épargne pas les louanges à tous les siens, pas plus qu'il n'oublie sa part personnelle dans ce beau concert. (N. d. l. R.).

IV

Les ambulances volontaires s'occupaient aussi des questions d'évacuation, mais en coopération avec l'autorité militaire ; elles ne prirent d'initiative à ce sujet que par exception, quand il n'y avait pas de commandant d'étapes sur les lieux, comme à Brie-Comte-Robert, où était le délégué Heinke, à Tournan, où se trouvait le Comte Mortimer Maltzan en qualité de délégué, et ailleurs encore. En général ce furent les ambulances volontaires qui eurent à établir les lignes d'évacuation et à suivre les négociations pour l'emploi des chemins de fer.

La route de Corbeil fut la seule ligne d'évacuation pour la IIe armée qui opérait au nord et au sud de la Loire. Les ambulances de ces contrées étaient entièrement remplies, aussi elles nous envoyaient en grand nombre des malades et des blessés qui devaient être évacués sur l'Allemagne ; mais, à Corbeil, il était impossible de leur faire continuer immédiatement leur voyage ; on les recevait alors dans les ambulances de cette ville, en attendant que ceux qui s'y trouvaient déjà pussent être expédiés à la gare d'embarquement au moyen des colonnes de voitures formées par les autorités militaires. Les ambulances volontaires fournissaient le personnel d'infirmiers, nécessaire pour ce service.

Les transports des malades et des convalescents des hôpitaux de Corbeil et des environs, évacués dans leur pays sur l'ordre des médecins, s'opéraient rapidement ; on évacuait aussi ceux qui se trouvaient à Corbeil et qui n'appartenaient pas à la IIIe Armée. Pendant tout l'hiver, les convois se succédèrent ainsi presque journellement.

Souvent, dans la journée, il nous arrivait un télégramme d'Orléans (délégué en chef von Zedlitz-Neukirch), ou de la station intermédiaire d'Etampes, qui nous donnait le nombre des évacués ; leur arrivée était attendue dans la soirée ou la nuit.

Le soin de veiller à l'évacuation incombait aux autorités militaires et les ordres nécessaires à ce sujet étaient donnés à l'appel du soir par la direction génerale bavaroise des étapes. Là aussi, les médecins et les directeurs des hôpitaux recevaient l'indication des hommes des ambulances de la ville et des environs qui devaient être évacués le lendemain.

Si le nombre des malades qui arrivaient dépassait 150 (notre maison d'asile avec ses dépendances ne pouvait en contenir davantage), on installait le surplus dans les églises de la ville, St-Spire, le temple protestant et l'église de St-Germain, où l'on avait déposé de grandes litières de paille. Là nos malades étaient visités par les médecins, on remplaçait les pansements puis on leur donnait la nourriture nécessaire.

Dans cette mission, les ambulances volontaires déployèrent une grande activité en s'occupant des pansements et des soins de toute nature à la maison d'asile et en distribuant des vivres dans les églises.

Le lendemain matin à sept heures, il fallait s'occuper du chargement des voitures et des chars à bancs réquisitionnés par le commandant des étapes. Le docteur H. Pollack s'occupait des escortes mises à la disposition de la direction des évacuations.

Dès que le nombre des hommes à transporter devint régulier, il m'arrivait par télégraphe des instructions pour les délégués établis sur la ligne des étapes, dans la direction des stations de chemins de fer.

D'après les ordres donnés par les autorités militaires, de concert avec les ambulances volontaires, l'évacuation de Corbeil fut réglée de la façon suivante : le premier jour on allait à Tournan, avec repos à Brie-Comte-Robert, on passait la nuit à Tournan et le second jour on atteignait Coulommiers où l'on logeait, le troisième jour on arrivait à La Ferté-sous-Jouarre et l'on y passait la nuit.

Vers le 28 novembre, j'avais fait à la commission centrale une demande pour que Lagny, point terminus de la ligne de Strasbourg-Paris, fût choisi comme station d'embarquement pour Corbeil. Par cette route, les jours de marche pouvaient être réduits de moitié ; cette proposition ne fut cependant pas prise de suite en considération, parce que Lagny était déjà encombré par les évacuations de Versailles qui venaient y aboutir. Ce ne fut que plus tard, vers la mi-décembre, qu'on établit pour Corbeil une ligne d'évacuation par Lagny, avec Brie-Comte-Robert comme station intermédiaire, et encore ne put-on l'employer que dans une mesure restreinte à cause de l'encombrement continuel de Lagny, et aussi à cause de l'inconvénient qu'il y avait à ne pas utiliser les voitures des colonnes d'approvisionnement, le dépôt principal de Corbeil étant resté à Meaux où ces voitures devaient retourner à vide.

L'importance des convois qui arrivaient, comme de ceux qui partaient, était très variable ; ordinairement le nombre des évacués quotidiens variait entre 200 et 400, et il s'éleva à certains jours jusqu'à 700, 800 et même à plus de 1000. Ainsi, par exemple, le 13 décembre, arrivèrent à Corbeil 1400 hommes blessés légèrement et, le 16, on en évacua en voiture 385 sur Nanteuil, par Brie-Comte-Robert, et 740 sur Lagny. La station de repos de Brie-Comte-Robert, pas plus que celle de nuit de Lagny, ne pouvait suffire à de telles exigences et il arriva même quelquefois qu'une partie d'un convoi de malades, arrivé à Lagny, dut passer la nuit à la belle étoile. Les événements de ce genre restèrent cependant des exceptions, c'était la conséquence inévitable des nombreuses évacuations qui eurent lieu à la suite des combats au nord de la Loire, en dehors du ressort de la IIe Armée.

Au commencement les renseignements télégraphiques sur la nature et le nombre des malades n'arrivaient pas, ou très irrégulièrement ; souvent ils n'indiquaient pas si les convois seraient dirigés vers Ablon ou sur Corbeil. Les mesures prises par le Baron Von Zedlitz, qui mettait la meilleure bonne volonté à tenir compte, autant que possible, de nos demandes, remédièrent à ces inconvénients et on arriva à obtenir ainsi une plus grande régularité dans la marche du service.

D'un autre côté, les officiers chargés de la direction des colonnes d'évacuation ne s'arrêtaient pas toujours aux stations qui leur étaient personnellement désignées, et il en résultait des désordres et des encombrements dont les malades et les blessés avaient beaucoup à souffrir.

Grandes étaient les souffrances de ces pauvres gens pendant ces tristes voyages, et l'on ne pouvait les atténuer que dans une bien faible mesure. Les grands froids qui régnèrent en décembre et en janvier (le thermomètre descendit à 12 degrés au-dessous de zéro), le manque de moyens de s'en préserver (1), l'incommodité des voitures (chars à bancs français à deux roues pour la plupart), le coucher la nuit dans des locaux glacés, l'insuffisance des soins médicaux dans le court séjour que l'on faisait aux différentes

____

(1) C'est pour cela qu'ils volaient les couvertures dans les maisons (N. d. I. R.).

stations, tout concourait à rendre plus pénible ce voyage jusqu'au chemin de fer et quelquefois plus loin.

Et par le mauvais temps, il arriva souvent, les voitures manquant, qu'une centaine d'hommes, légèrement blessés, furent obligés de faire à pied la longue étape de Brie-Comte-Robert à la station du chemin de fer. Heureusement qu'ils étaient soutenus par une puissante énergie, le grand désir de rentrer dans leurs foyers et surtout par la crainte très vive d'être forcés de rester en pays ennemi.

On fut souvent forcé d'interrompre l'évacuation ; alors nos différents hôpitaux s'encombraient et les hommes valides étaient confondus avec les malades. Une nuit, par exemple, on cantonna à Corbeil 4500 hommes et 2000 chevaux de troupes en marche.

Au milieu de décembre, tous les transports furent complètement suspendus pendant quatre jours, à cause du verglas qui rendait les routes impraticables. Ces difficultés furent encore augmentées, à la fin du même mois, par la débâcle qui détruisit le pont établi sur la Seine à Villeneuve-Saint-Georges.

Pendant une semaine entière tous les convois de Versailles passèrent par Corbeil et il en résulta un si grand encombrement d'hommes, de voitures et de chevaux, que l'autorité militaire dut édicter des réglements de police pour assurer l'ordre dans la ville, et ce fut à grand'peine que l'on réussit à tenir à peu près libres les communications, avec l'aide de gendarmes à cheval de l'armée, placés sur le pont et aux carrefours des rues (1).

Le 23 janvier, arriva, de la Commission des évacuations à Epernay, la nouvelle de la destruction, par un parti de francs-tireurs, du grand pont du chemin de fer de Toul ; alors cette communication directe avec l'Allemagne fut supprimée jusqu'au commencement de février. La ligne de Lagny-Reims-Mézières, nouvellement ouverte, ne procurait qu'une faible compensation à cette fâcheuse suppression. On espérait d'autre part l'exploitation régulière du chemin de fer de Montargis à Chaumont par Sens, Nuits et Châtillon. Cette ligne, inaugurée au milieu de janvier, aurait

(1) L'encombrement était tel, sur le pont par exemple, que le passage y était souvent rendu impossible pour les habitants, et alors il fallait attendre la nuit pour pouvoir passer sans danger, la circulation étant encore très active, mais moins effrayante que dans le jour. Il arriva même, et j'en ai été témoin, qu'un ouvrier, qui voulait traverser le pont quand même, fut renversé, foulé aux pieds et grièvement blessé. A. D.

atteint la frontière allemande, quoique par des voies détournées ; mais cet espoir fut encore déçu par les francs-tireurs, qui réussirent à faire sauter le pont de St-Florentin, rendant ainsi cette voie impraticable.

La première ligne parcourue par des locomotives fut celle d'Orléans à Ablon, c'était au milieu de janvier ; jusque-là la traction s'était faite par des chevaux. A la bataille du Mans, le 12 janvier, la prise d'un grand nombre de locomotives et de wagons apporta un notable accroissement à nos moyens de transport ; mais ce ne fut qu'après la conclusion de l'armistice (28 janvier) qu'on put établir un service plus ou moins régulier sur différentes lignes.

L'amélioration la plus importante pour nous, au point de vue des évacuations, fut la jouissance du chemin de fer de ceinture de Paris, qui nous fut accordée, pour nos malades et nos blessés, par une clause de la suspension d'armes.

Ces différentes lignes nous rendirent de grands services : c'est ainsi qu'à la suite des derniers combats, nos blessés purent être facilement transportés d'Orléans à Chartres et du Mans à Orsonville ; d'autres, arrivés à Etampes, furent dirigés de suite sur Corbeil.

A la suite de négociations avec le Commandant des étapes, les ambulances volontaires aménagèrent, à côté de la maison d'asile (1) et de l'orangerie qui y était jointe, une vaste grange, située dans le voisinage, pour y recevoir les soldats légèrement blessés, tandis que les hommes gravement atteints étaient portés dans les salles d'attente de la gare.

Entre temps, il y eut plusieurs nominations : la 11° armée envoya à Corbeil, en qualité de commandant de la gare, un officier brun et silencieux : la commission centrale de Versailles désigna des officiers spéciaux pour surveiller l'évacuation : au sud de Paris, c'était le Cte Mortimer-Maltzan, qui résidait à Charenton ; le Baron C. Pappenheim se tenait à Pantin pour la région nord ; un troisième officier était à une gare du chemin de fer de cein-

---

(1) Nous revenons encore sur cette ambulance que les Allemands désignaient sous le nom de *maison d'asile* et que nous n'avons pu sûrement identifier jusqu'à présent ; de récentes indications nous permettent de penser qu'il s'agit la de l'ancien hospice qui était situé sur la Place du Marché et qui devait contenir, dans son vaste enclos, un bâtiment annexe affecté à une orangerie ou à tout autre usage. Cette opinion nouvelle infirmerait celle que nous avons émise dans les notes des pages 10 et 31 (N. d. l. R.).

ture. On installa à Corbeil une commission mobile des lignes de chemin de fer et une commission d'évacuation pour régler, de concert avec celle d'Epernay, le service des trains et des transports de malades. Il y eut encore, entre ces deux commissions, de nombreuses discussions écrites et orales à propos de la marche des trains de malades, mais tout cela parvint à s'arranger.

Pour Juvisy, qui était le point de jonction des lignes d'Orléans-Paris et de Corbeil-Paris, un ordre du Prince de Pless fit conserver la station de repos de ce village, qui était dirigée par le Baron Schenck ; elle n'avait cependant que peu d'importance, en raison de ce que l'on ne pouvait réussir à régulariser les évacuations venant d'Orléans et de Corbeil, de façon à faire concorder l'arrivée des trains à Juvisy, pour les diriger ensemble sur Paris. Plusieurs fois je fis des rapports sérieux à ce sujet à la Commission des lignes de chemin de fer, mais il y avait, paraît-il, des difficultés insurmontables et, le plus souvent, les malades d'Orléans continuèrent à être évacués par Corbeil. Mais les charges s'en accrurent d'autant pour les autorités militaires et les ambulances volontaires de Corbeil et elles furent même souvent trop lourdes pour les forces dont elles disposaient. Le nombre des malades arrivant journellement n'était cependant pas aussi grand en février qu'en décembre, mais leur transport et les soins à leur donner exigeaient plus de temps et une plus grande activité qu'auparavant, parce que la plupart des soldats étaient plus grièvement blessés ou plus gravement malades.

De grandes difficultés résultaient de ce que la direction des chemins de fer à Orléans ne pouvait expédier à Corbeil un télégramme relatif à l'envoi de ces malades qu'au moment du départ même des trains ; la station intermédiaire d'Etampes y ajoutait souvent encore beaucoup de monde. Comme leur arrivée avait généralement lieu le soir et que l'évacuation sur Paris, ou sur la ligne de Montargis-Nuits-Chaumont, ne pouvait avoir lieu que le lendemain, nous avions à nous occuper pendant la nuit de l'entretien et du traitement de tous ces malades.

Justement à cette époque, l'éclairage au gaz avait cessé (1) par suite du manque de charbon et la ville, comme la gare, n'étaient éclairées que par la lumière douteuse de quelques lanternes à

(1) C'est le 21 janvier que le gaz manqua complètement ; jusqu'à cette époque il y en avait encore un peu, mais bien parcimonieusemant distribué (N. d. l. R.).

huile ; cette demi-obscurité rendait plus difficile encore l'accomplissement de notre mission.

Le 14 février, au matin, le premier train de malades, formé de wagons ordinaires, partit pour Paris ; deux hommes d'Offenbach que j'accréditai auprès des autorités militaires françaises, en qualité d'attachés à la Société internationale de secours, accompagnaient ce train qui fut suivi le soir et le lendemain de deux autres. Ces trois trains restèrent à Paris (1) et ce ne fut que le lendemain de leur départ qu'ils atteignirent Lagny ; pendant ce temps les malades restèrent privés de soins.

Un rapport à ce sujet fut adressé par le délégué en chef de Lagny ; moi-même je me plaignis au Commissaire royal de ce fâcheux état de choses ; mais en même temps la Commission des lignes reçut de Paris un télégramme envoyé par la direction française des chemins de fer, par lequel on se plaignait que des trains eussent été expédiés de jour sur Paris, alors que, d'après les conventions arrêtées, le chemin de fer de ceinture ne devait être employé par les autorités allemandes que la nuit entre 11 heures du soir et 3 heures du matin. Cependant ni la commission des lignes, ni moi, n'avions reçu de Versailles aucune instruction à ce sujet. Néanmoins la Commission résolut de faire dorénavant partir les trains le matin ; il en fut ainsi et il n'arriva plus aucune plainte des autorités françaises.

L'évacuation par Paris prit alors une extension progressive, malgré la populace qui menaçait les trains et épouvantait même les malades en brisant les glaces des wagons.

L'heure du départ et le nombre des évacués étaient indiqués par télégrammes aux délégués résidant sur le parcours de la ligne, et tout marcha à souhait à Lagny, où 650 lits étaient toujours prêts pour recevoir les malades, et où la femme Simon s'occupait de la nourriture.

Habituellement les trains contenaient environ 100 malades. Pour le transport des soldats grièvement blessés, on devait attendre l'arrivée d'un train sanitaire spécial. Un train de ce genre fut annoncé pour le 21 février, mais on ne le vit pas arriver et personne ne put donner la raison de ce retard. Les pauvres blessés,

---

(1) Ce n'était pas précisément à Paris qu'allaient ces trains, mais à la gare de Bercy, d'où ils gagnaient, par la ceinture, la ligne de l'Est qui les conduisait à Lagny (N. d. l. R.).

qui avaient été déjà tirés de leurs lits et habillés, tout joyeux à la pensée de retourner dans leur pays, durent reprendre leur lit de douleur. Enfin, le 24, le train si longtemps attendu arriva et la nuit suivante fut un bonheur parmi tant de malheurs. Le lendemain 170 hommes, gravement malades ou grièvement blessés, furent embarqués ; l'organisation du train ne laissa rien à désirer : il y avait 10 lits dans chaque wagon, 3 médecins, 6 aides, 12 garde-malades et quelques sœurs. Pendant l'embarquement, des curieux pénétrèrent en grand nombre dans la gare et l'on entendit de nombreux cris d'admiration sur « la façon si bonne » dont les Allemands s'y prenaient. On était ému en voyant la joie peinte sur les pâles visages de ces malades, si longtemps abattus par la souffrance et qui voyaient enfin s'accomplir les vœux qu'ils avaient si souvent formés pendant tant de jours douloureux et de nuits interminables. Et combien de ces malheureux ne devaient pas atteindre vivants la frontière allemande ! Beaucoup que je connaissais personnellement furent ainsi évacués : le gai Bruhn, celui que l'on avait surnommé *le Télégraphe* d'Etiolles, le Holstinois Geertz, d'Evry, et d'autres encore ; la séparation me fut pénible.

A ce premier train sanitaire, en succédèrent d'autres et l'évacuation prit une extension rapide.

Du 18 février au 7 mars, l'emploi du chemin de fer de ceinture dut être suspendu à cause des désordres qni éclatèrent à Paris ; mais pendant ce temps la ligne de Montargis-Sens-Nuits-Châtillon-Chaumont resta à notre disposition.

Le délégué Heinke avait été envoyé de Brie-Comte-Robert à Moret, pour y diriger une station de repos, et la IIe Armée avait établi à Nuits-sous-Ravières et à Chaumont des stations de nuit où l'on pouvait recevoir de 200 à 400 hommes. Les délégués dans ces stations étaient MM. von Kœnen et von Grote.

D'après les renseignements établis, les évacués par Corbeil, du 20 novembre 1870 au 7 mars 1871, se divisent ainsi : 22.314 hommes, parmi lesquels 3.317 furent dirigés sur Paris du 14 au 27 février, et 2.762 qui partirent par Montargis-Chaumont du 1er au 7 mars. Cependant ces rapports ne peuvent donner aucun total exact et il est certain que le nombre des évacués fut encore un peu plus important.

Dans les premiers jours de mars je fus appelé à Versailles ; il n'y avait plus, dans la plupart des hôpitaux, que quelques lits occupés, par exemple 8 au Coudray, 34 à Evry. Alors les ambulances militaires s'apprêtaient à partir. Le transport par Etampes continuait cependant et le docteur H. Pollack, qui m'avait remplacé, resta encore à Corbeil jusqu'au 9 mars.

V

Dans la situation de délégué résident, les occupations se composaient essentiellement de ce que j'ai indiqué jusqu'à présent : on peut cependant y ajouter encore des détails qui me fourniront l'occasion, par le récit de quelques événements arrivés à Corbeil, de montrer ce qu'était la vie d'un ambulancier volontaire en pays ennemi.

L'activité du délégué devait s'exercer dans bien des sens ; les jours se passaient dans un enchevêtrement d'affaires de toutes sortes : travaux de bureau, conversations avec les officiers, employés d'Intendance et médecins, visites aux dépôts et aux hôpitaux dans la ville et aux environs, conférences avec la direction générale des Etapes et avec les délégués, réponses à des questions diverses, casernement, évacuation, etc ; ces occupations si compliquées nous prenaient tout notre temps. Souvent on réussissait le soir à avoir, après le dîner, une heure de repos pour mentionner dans les rapports les événements et les impressions de la journée, et ce sont ces renseignements et les actes de la délégation qui m'ont fourni les matériaux nécessaires pour rédiger la présente notice.

Un aide m'était absolument indispensable pour les travaux d'écriture de la délégation ; le référendaire à la chambre, docteur Pollack, me fut d'un grand secours pour cette besogne ; avec la plus entière confiance, je pouvais lui confier une grande partie des travaux ; souvent il rédigeait les rapports détaillés que j'avais à établir régulièrement sur les relations de la délégation avec la Commission centrale de Versailles et avec les représentants du commissaire royal de Berlin. Dans les travaux de bureau et dans les affaires qui lui incombaient directement, le docteur Pollack montra une habileté et une persévérance qui justifièrent bien les distinctions dont il fut honoré à la fin de ses travaux, telles que la

Croix de Fer de deuxième classe et celle de l'ordre militaire Bavarois.

En mars, le docteur Pollack m'accompagna encore à Versailles, où il s'occupa activement avec moi de la recherche et du rapatriement de nos malades dans les parties de la France occupées par l'ennemi. Là encore, il trouva l'occasion de faire preuve de dévoûment et de courage dans des circonstances souvent difficiles.

Les deux étudiants employés au bureau, Von Mering et Weber, rendirent ausssi de grands services et, ce fut avec beaucoup de peine que je dus me séparer du premier qui, abattu par la fièvre, dut regagner son pays dès le mois de janvier. Weber m'avait accompagné de Brigne-aux-Bois à Corbeil et resta avec moi jusqu'à la paix. A la fin il me causa cependant quelques inquiétudes, à l'occasion d'une promenade qu'il voulut faire de Versailles vers les fortifications de Paris. Arrêté par les Français, il fut fait prisonnier et emmené à Paris. On le mit en prison et il dut passer plusieurs jours dans une société peu agréable, mais, grâce aux démarches du commissaire civil allemand, dont je réclamai l'intervention, on réussit à le faire remettre en liberté.

Quand je pris possession de la caisse de la délégation, elle ne contenait que peu d'argent, mais les ressources nécessaires furent mises aussitôt à ma disposition par la commission centrale. Le total des dons s'était élevé à environ 11.000 fr ; ce n'était certes pas beaucoup, si on considère le nombre des établissements qui ont été soutenus au moyen de ces libéralités: l'hôpital des convalescents, la cuisine dans la maison d'asile, le paiement d'une partie des ambulanciers volontaires, la direction du parc des transports, dont le matériel était mis en réquisition d'une façon extraordinaire, tout cela exigeait des frais importants.

Dans le total des dépenses sont compris 2375 fr. d'avances que je fis, comme délégué en chef représentant de la IIe Armée, aux deux comtes Ysenburg à Coulommiers, pour les aider à aménager la station de cette ville et pour contribuer à la formation de leur colonne de marche vers Orléans.

Suivant une disposition du ministère de la Guerre, les aides employés dans les hôpitaux prussiens et les garde-malades qui venaient et s'entretenaient librement, avaient droit, depuis le commencement, à un remboursement de la part des Finances de l'Etat ; mais, pendant longtemps, les Bavarois ne prirent aucune mesure de ce genre. Une demande que j'adressai le 10 février à la 'direction générale bavaroise des étapes et que je fis appuyer par le médecin d'Etat-Major, docteur Granvogel, eut pour effet de faire distribuer à tous les garde-malades des hôpitaux une indemnité de 30 kreutzers par jour ; cette décision fut très appréciée par les intéressés. Cependant le corps de secours des gens d'Offenbach et les Palatins ne reçurent aucune indemnité ; on leur fournit seulement le logement et la nourriture.

Il y eut à ce moment de nombreuses demandes relatives à la recherche des disparus ; ce fut un nouveau surcroît de travail pour les délégués, car on dut faire ces recherches sur une grande échelle. Au mois de décembre, après les combats au Nord de la Loire, le régiment Weimarien n° 94 (Grand-Duc de Saxe), avait fait de grandes pertes. Aussi, et c'était tout naturel, les familles des officiers et des soldats de ce régiment s'adressaient à moi continuellement pour les renseigner sur le sort de leurs parents ; le Grand-Duc à Versailles et la Grande-Duchesse à Weimar, s'intéressaient aussi particulièrement aux hommes de leur pays. De nombreuses lettres et des télégrammes arrivaient chaque jour et nécessitaient des recherches dans toutes les directions. Mes démarches n'eurent pas toujours de résultat, et maint messager dut s'en retourner sans rapporter le renseignement désiré. Cependant, il me fut permis de donner à beaucoup de consolantes nouvelles. Ces recherches nous permirent aussi de secourir quelques blessés abandonnés dans le voisinage des champs de bataille, et de recueillir des corps de soldats tombés devant l'ennemi et qui furent envoyés dans leur pays, selon le désir de leurs familles.

Les affaires relatives au logement des soldats mis à la disposition de la Commandature des étapes, n'occupaient les délégués que quand le personnel des ambulances volontaires avait à certifier l'autorisation d'établir un nouveau quartier, mais cela était si fréquent que je dus faire imprimer un formulaire spécial à cet objet. Je devais aussi m'occuper des infirmières, et j'eus souvent occasion de les placer dans des maisons où elles trouvaient un bon et agréable accueil.

Du côté de la commandature des étapes, mes souhaits étaient pris en bonne considération et les ambulancières de passage furent logées habituellement chez les sœurs françaises de l'ordre « de la Sainte-Enfance » à la Quarantaine. Là, on vit une fois de plus que la réputation des femmes est la plupart du temps compromise par leurs semblables.

Dans la seconde moitié de février, quelques ambulancières furent logées pour quelques jours à la Quarantaine ; parmi celles-ci se trouvait la sœur J...., jeune encore et paraissant singulièrement forte. Le 23, tard dans la soirée, le commandant de place von Petzold vint me prévenir que la sœur J.... serait soumise à une visite médicale à la suite d'une accusation portée contre elle par la supérieure de la Quarantaine ; il ajouta que cette sœur était couchée sur son lit et réclamait instamment mon secours. Après avoir rassemblé quelques hommes de la garde principale, je me rendis avec eux et quelques officiers bavarois à l'hôpital de la Quarantaine. Là je trouvai la jeune fille baignée de larmes, à peine capable de dire un mot ; sa complète innocence s'était manifestée clairement sur ces entrefaites. Les dépositions d'une autre ambulancière, qui avait assisté à tout cela, donnèrent la certitude qu'il n'y avait là qu'une affreuse diffamation ne reposant sur rien. Les rapports d'une ennemie avaient malheureusement trouvé auprès du commandant de place un accueil trop facile et on s'était laissé amener à des démarches déplacées sans avoir seulement interrogé la jeune fille. Indigné de cette insulte faite à une protégée et résolu à en punir la coupable, je fis lever la supérieure (il était minuit), et je la conduisis moi-même dans la rue, où je la remis aux mains des Bavarois qui la menèrent sans retard à la prison. Nombre de nonnes suivaient en pleurant bruyamment et en réclamant leur supérieure ; mais on ne fit nulle attention à leurs plaintes, et la calomniatrice fut, sur mon ordre, enfermée dans une cellule de la prison de la ville. Le lendemain matin, les renseignements nécessaires arrivèrent à l'inspection générale bavaroise et à l'inspection générale prussienne et l'affaire eut des suites graves pour deux braves officiers. Le général von Gotsch condamna la supérieure à un supplément d'emprisonnement de 24 heures ; c'était une bien faible punition pour une Française qui avait attenté d'une façon scandaleuse à l'honneur d'une infirmière allemande. Cet événement regrettable me donna l'occasion, d'accord avec le major Von Colomb (1), de décider l'éloignement des sœurs françaises de l'hô-

(1) Le Major Von Colomb était le commandant des étapes ; il occupait la grande maison située sur le quai de l'Instruction, au n° 14, ainsi que nous l'avons déjà dit (N. d. l. R.)

pital de la Quarantaine et leur remplacement par des infirmières allemandes (1).

Les rapports avec les habitants étaient en général satisfaisants ; on se montrait obligeant et on se soumettait, en apparence, à ce qui était inévitable, et il n'y eut que rarement des différends ; l'expression des physionomies renseignait bien les Allemands sur la nature des opinions des Français (2) ; ils croyaient tout ce qui répondait à leurs désirs, non seulement l'invraisemblable, mais même l'impossible. Si la fortune de la guerre avait tourné à ce moment, il y aurait eu sans doute un changement rapide dans leur tenue (3). Lorsqu'en décembre on ordonna une alarme de nuit pour les troupes, tout Corbeil pensa que l'armée de la Loire était

(1) Dans l'ouvrage intitulé : *Sous Paris pendant l'invasion, 500.000 Prussiens, 45.000 prisonniers Français*, par M. de la Rue, inspecteur des forêts (Paris, 1871, in 12 de 492 pp.), on pourra lire, aux pages 237 à 241, le récit détaillé de ce triste épisode. L'auteur, qui en a été le témoin oculaire, n'est pas tout à fait d'accord avec le narrateur allemand que la passion aveugle toujours, son récit le prouve à tout instant, et qui traite en ennemi tout ce qui est français, même des saintes religieuses qui soignaient avec un admirable dévoûment, dans leur maison convertie en ambulance, de nombreux malades, presque tous allemands.

M. de la Rüe obtint dès le lendemain la mise en liberté de la supérieure de la Quarantaine, dont il attribue l'arrestation au Major Von Colomb, et cependant l'auteur allemand, le Bon de Wardenburg, en revendique pour lui le triste honneur, puisqu'il dit qu'il l'a arrêtée lui-même de sa propre main et l'a fait conduire en prison par les soldats Bavarois. Mais tout l'odieux de cette affaire retombe sur un lieutenant-colonel allemand, du nom de Rudolph, qui fut, peu de temps après, invité à quitter l'armée et à cesser immédiatement tout service, ainsi que le raconte M. de la Rue. Et, puisque le nom de ce digne homme revient sous ma plume, il me plaît de rappeler que ce bon Français a rendu les plus éminents services à la ville de Corbeil pendant la douloureuse période de l'occupation allemande, qui a duré du 17 septembre 1870 jusqu'au 10 septembre 1871, soit bien près d'une année entière. La reconnaissance de la ville de Corbeil envers M. de la Rue s'est manifestée par le don d'une grande médaille d'or, aux armes de la ville et frappée spécialement à son intention ;

Elle porte au revers l'inscription suivante :

> *A M. de la Rüe, inspecteur des forêts, Hommage du Conseil Municipal de la ville de Corbeil pour les services qu'il a rendus pendant l'occupation par les armées allemandes, du mois de septembre 1870 au mois de mars 1871.*

A partir de cette date, mars 1871, jusqu'au 10 septembre suivant, les Allemands n'occupèrent plus à Corbeil que la partie de la ville située sur la rive droite de la Seine. A. D.

(2) Si les Allemands étaient si fins physionomistes, ils n'ont pas dû souvent trouver des traces de sympathie sur les visages français, on les supportait parce qu'on ne pouvait faire autrement, et c'était tout (N. d. l. R.).

(3) Ceci est une vérité à la La Palisse (ibid).

proche, et que la jonction si longtemps attendue avec l'armée de Paris était faite ; aussitôt la témérité française se manifesta partout, même chez mes hôtes (1), qui étaient habituellement très réservés.

Il n'était pas sans intérêt non plus d'examiner l'affluence et l'attitude des habitants devant les affiches apposées à la mairie, qui annonçaient surtout les victoires de nos troupes. Les Français n'en comprenaient pas le contenu, mais instruits par une longue pratique, ils ne pouvaient réprimer leurs tristes pressentiments ; on ne voulait pas demander une explication à un Allemand et on allait de l'un à l'autre en secouant la tête. Bientôt cependant les Français apprenaient les événements et, avec le temps, les avis allemands finirent par faire une impression d'autant plus profonde, qu'à l'encontre des nouvelles françaises, ils ne contenaient jamais que la vérité. Le 29 janvier, on ne croyait pas encore à Corbeil à la prise des forts de Paris. La croyance en ces mots : « Paris ne se rend pas », restait toujours inébranlable.

Les nouvelles des batailles gagnées nous remplissaient de joie, tandis qu'une amère désolation se peignait en face de nous sur tant de visages.

La nouvelle de la capitulation de Mézières, qui nous arriva le 6 janvier, me causa, à moi personnellement, une grande satisfaction ; placée dans le voisinage direct de Brigne-aux-Bois, cette place nous avait causé pendant le mois d'octobre maint ennui, car beaucoup de cavaliers de la landwehr qui trottaient joyeusement le matin dans le village, étaient tombés, subitement atteints par la balle d'un *« Sanglier des Ardennes »* ou d'un *« Destructeur »* en embuscade. (Ainsi s'appelaient les corps francs, qui formaient la garnison de Mézières).

Ce n'était qu'avec peu d'émotion que les habitants voyaient passer les nombreux prisonniers qui traversaient continuellement la ville ; on se consolait en prétendant que c'étaient des poltrons qui s'étaient laissé prendre sans raison et qu'ils ne méritaient pas de pitié (2). Et cependant beaucoup de ces malheureux qui, par un

(1) M. Habert, Président du tribunal (N. d. l. R.).

(2) On ne peut lire cette phrase sans indignation, car elle est tout le contraire de la vérité !

C'est une infamie doublée de mauvaise foi ; elle montre bien le peu de créance que l'on doit accorder aux racontars de ce venimeux allemand, qui profite de toutes les occasions pour étaler et satisfaire sa passion gallophobe.

La vérité, je l'ai déjà dite et je ne saurais trop le répéter : j'ai vu de mes yeux ces

froid vif, devaient faire de longues marches, légèrement vêtus
(la plupart avec des blouses bleues), étaient bien propres à exciter
la compassion de leurs compatriotes. Souvent, dans mes courses à
travers le pays, je rencontrais vers le soir des convois de plusieurs
milliers de prisonniers, parmi lesquels des vieillards et de tout
jeunes garçons, qui remplissaient de leurs longues files les routes
couvertes de neige; ils étaient gardés seulement par quelques cuirassiers bavarois, dont la haute stature, avec leurs grands man-
teaux blancs, se découpait d'une façon pittoresque dans le crépuscule. L'évasion leur aurait été facile, mais ils ne se souciaient
pas de changer de situation (1).

Pour la nuit, les prisonniers étaient amenés, comme nos malades,
dans les églises, ou bien dans le magasin Darblay (2), qui présentait de vastes salles dans ses cinq étages; mais ces pièces étaient
remplies d'ordures et d'insectes de toutes sortes. Les prières ins-

longs et lamentables défilés de nos malheureux prisonniers passant à travers nos
rues, les habitants étaient tous sur leurs portes, leur donnant à la hâte du pain, des
vivres, des vêtements : je dis à la hâte, parce que les allemands qui les escortaient
ne leur permettaient pas de s'arrêter et les poussaient à coups de crosse de fusil
quand ils ne prenaient pas assez vite ce que nous leur tendions. Et encore, dans les
églises et les magasins où on les entassait sur la paille pour y passer la nuit, que
de dévoûments se sont manifestés ! C'était à qui irait leur porter de la soupe bien
chaude, des chaussures et des vêtements, car les malheureux étaient en lambeaux,
à peine vêtus, quelques-uns nu-pieds, tous grelottaient. Les femmes surtout ont
été admirables; sous prétexte de porter de la soupe aux prisonniers, elles leur
portaient, cachés sous leurs jupes, des blouses, des bourgerons, des pantalons gros-
siers, vêtements d'ouvriers qu'ils revêtaient dans quelque coin et à la faveur desquels
ils sortaient avec ceux qui étaient venus apporter des vivres. Une fois dehors,
on les cachait dans une pièce écartée de la maison, où ils restaient quelques
jours; puis on faisait une collecte entre voisins, et l'ex-prisonnier, reposé, nourri,
vêtu, avec un petit pécule en poche, profitait de la première occasion favorable
pour tenter de regagner son pays. Nombreux ont été les prisonniers que l'on a fait
ainsi évader, car cela se répétait tous les jours, non moins rare le dévoûment de
ceux qui risquaient leur liberté en faveur de ces malheureux car les Allemands
ne plaisantaient pas sur ce sujet et, découvert, on était sur le champ emmené en
Allemagne ; nous en avons eu la triste preuve à Corbeil. Je ne saurais trop le
redire : ce dévoûment envers nos prisonniers, cette abnégation étaient partout,
chez tous; j'y ai participé comme les autres. On voit alors ce qu'il faut penser du
récit haineux et mensonger de M. le Bon de Wardenburg.   A. D.

(Voir à ce sujet la note des pages 45-46).

(1) Encore une méchante appréciation ; ces malheureux étaient brisés par la fati-
gue, le froid et les privations ; et un coup de fusil eût bien vite arrêté toute tenta-
tive d'évasion.   A. D.

(2) C'est le grand magasin bâti par l'Abbé Terray, sous le règne de Louis XV ; il
a été détruit par le terrible incendie du 30 mai 1892, qui a fait tant de victimes
(N. d. l. R.)

tantes du comité de secours français, formé sous la présidence du procureur de la République (1), m'amenèrent à réclamer du commandant des étapes une visite de cet établissement. Un nettoyage complet fut ordonné, mais la malpropreté des Français était trop grande pour qu'on pût les changer de local pendant la durée de ce nettoyage (2). La cour elle-même était d'un misérable aspect. On y voyait des tas de fumier et des brasiers, autour desquels les malheureux prisonniers se rassemblaient. L'aide fournie par le comité de secours était tout à fait insuffisante.

Souvent des troupes de passage établissaient leurs quartiers dans le magasin Darblay quand il n'y avait pas de prisonniers, et cela faisait une singulière impression de voir ces troupes fraîches, dans leur équipement neuf, au milieu des ordures, occupées à astiquer leurs uniformes et leurs armes avec autant de zèle que si elles se préparaient à la parade dans leur ville de garnison.

Une habileté extraordinaire fut déployée à Corbeil par les voleurs, mais il reste encore à savoir si c'étaient toujours des Français qui accomplissaient ces vols, car maints vagabonds se trouvaient à la suite de nos armées (3). Au commencement de janvier, on déroba ma voiture dans la rue pendant que le cocher était à la forge avec le cheval, et jamais on ne réussit à en découvrir la trace, bien que les gendarmes d'armée, bavarois et prussiens, s'en fussent occupés longtemps (4). Personnellement, je ne souffris aucun dommage de ce vol; c'était un breack attelé d'un joli cheval hongre; il avait été réquisitionné en août, à Bar-le-duc, par un agent de police de Berlin, avec 20 autres voitures, et on l'avait mis à ma disposition pour la marche vers Sedan. Dans la nuit qui suivit l'arrivée à Donchéry, tous les cochers français s'enfuirent en abandonnant leurs véhicules et leurs chevaux, et j'entrai de cette manière en possession d'une voiture qui me rendit de grands services, aussi bien pendant mon séjour à Brigne-aux-Bois que dans

(1) Le Baron Legoux (N. d. l. R.).

(2) Toujours la même note. Tous les locaux étaient remplis, et si les pauvres prisonniers étaient sales, ce n'était guère par leur volonté (ibid).

(3) Les vagabonds et les marchands de toute espèce qui suivaient l'armée étaient tous des allemands ; ils pillaient partout où ils pouvaient, c'est vrai, mais bien des vols et des pillages furent commis par des soldats Prussiens ou Bavarois (ibid).

(4) Il faut reconnaître que les Français ne se faisaient pas grand scrupule de dérober aux Allemands ce que ceux-ci avaient volé à leurs compatriotes, on appelait cela une restitution forcée (ibid).

ma marche sur Versailles. Avant mon départ de Corbeil, je confiai le cheval au maire et je fis savoir en même temps à son collègue de Bar-le-Duc que le propriétaire pouvait l'envoyer chercher à Corbeil.

Pendant la suspension d'armes, une autre voiture chargée disparut de la place du marché de Corbeil, non loin de la principale garde bavaroise : une colonne de gens de Francfort, je crois, l'avaient amenée avec quatre chevaux et, faute d'abri pour la nuit, l'avaient fait stationner sur le marché ; cette voiture et son chargement ont-ils été abandonnés ou volés, personne ne l'a jamais su.

La famille de mon hôte, le président du tribunal Habert, se composait pendant l'hiver d'une grand'mère et d'un petit neveu que j'appelais le « *petit savant* ». A l'armistice, la femme et la fille de mon hôte revinrent de leur exode dans les Ardennes, où elles avaient fait connaissance avec les terribles uhlans plus tôt que si elles fussent restées à Corbeil.

J'appris à connaître dans la première une femme charmante, d'une famille honorablement connue, et dans la dernière une rieuse enfant qui, bien avant notre connaissance, avait montré dans ses lettres une certaine sympathie pour le monsieur étranger qui avait été pour l'hiver l'hôte inattendu de son père (1).

Avec madame Habert, il me fut possible d'entrer dans des discussions politiques plus facilement qu'avec son mari ; elle avait le bon goût d'admirer nos troupes et principalement les « cuirassiers de Bismarck » (toutes les tuniques blanches étaient pour les Français des cuirassiers de Bismarck), et elles les trouvait plus beaux que ses propres compatriotes. Je n'entrais en relations plus intimes avec mes hôtes que pendant le dîner, que je prenais régulièrement le soir à 8 heures en leur compagnie. L'entretien était toujours vif et souvent amical ; cependant on arrivait à parler de choses qui amenaient journellement des divergences d'opinion. Ainsi, la mesure prise par les Allemands pour la réquisition des notables français en chemin de fer, donna souvent lieu à de vives discussions. Mais il était encore moins possible d'arriver à un accord sur la conduite de ces officiers qui, malgré la parole donnée, rentraient dans l'armée. Pour l'honneur du nom français, je dois remarquer que, sur ce dernier point, presque tous les offi-

(1) Cet Allemand ne se rend pas compte de ce qu'il y avait d'obligatoire dans les sympathies qu'il croyait inspirer. **A. D.**

ciers avec lesquels j'ai été en rapport étaient de mon avis et jugeaient la conduite de leurs camarades déshonorante pour l'armée (1). Ce sujet de conversation était amené par ce fait que les officiers prisonniers, en cours de route pour l'Allemagne, obtenaient la permission d'aller dans les maisons particulières, en échange de leur parole d'honneur ; monsieur Habert en invitait souvent quelques-uns à dîner, il en résultait une distraction très agréable pour nous. La plus grande partie de ces prisonniers appartenaient aux mobiles ; leurs récits s'accordaient tous sur un point : leur corps était place à un poste perdu et avait été entouré par des troupes d'une supériorité si écrasante (une brigade ou une division) qu'une résistance opiniâtre aurait été inutile (2).

J'eus d'intéressantes conversations avec les deux frères de Kinguerlay, dont l'un avait été à l'ambassade de Vienne ; nous discutâmes surtout sur l'unité de l'Allemagne qu'ils regardaient naturellement comme tout à fait impossible ; cependant, peu de jours après eut lieu à Versailles la proclamation de l'Empire.

Un officier de zouaves, fait prisonnier le 19 Janvier dans la dernière sortie à St-Cloud, nous racontait mainte anecdote amusante sur Paris. Il avait fréquenté plusieurs clubs, dans lesquels la conduite des femmes avait été véritablement patriotique (3) ; une occupation de la ville par nos troupes aurait amené un terrible massacre, car chaque maison se serait défendue contre l'ennemi, etc. etc.

A ce moment, les sorties furent justement critiquées comme impossibles parce que, dans le cas même d'une réussite, les troupes n'auraient pas pu se réunir.

Il y eut aussi, parmi nos hôtes, un aéronaute dont le ballon, atteint par les balles allemandes, était tombé sur le toit d'une maison de Choisy-le-Roi. Cet homme, soi-disant condamné à mort, avait été gracié, et il s'occupe maintenant d'un voyage en Allemagne et plus précisément en Thuringe.

Un abbé de Lyon racontait longuement son histoire à mes com-

(1) Cette affirmation est peu croyable : quand même cette opinion eût été dans la pensée de ces officiers, ils ne l'auraient pas émise devant un Allemand, surtout dans les termes rapportés par celui-ci.   A. D.

(2) Les nombreux monuments élevés un peu partout en France à la mémoire des mobiles tombés devant l'ennemi en 1870-1871, infirment éloquemment cette phrase où la méchanceté le dispute à la mauvaise foi.   A. D.

(3) L'auteur a écrit : *diabolique* (N. d. l. R.)

pagnons de table : on l'avait trouvé à la bataille de Beaune-la-Rolande, le 28 novembre, parmi les combattants, et il fut retenu à Corbeil pendant près de deux mois, dans l'attente d'un jugement du conseil de guerre ; mais, à la fin de janvier, la grâce désirée arriva enfin (1).

Ce prêtre, un homme encore jeune, n'était pas sans instruction, il avait lu des livres de toutes sortes, connaissait les écrits de Strauss et de Renan et les jugeait sans partialité. Sa théologie était ordinaire et, quant à ses opinions, il était le plus souvent de l'avis des personnes avec lesquelles il se trouvait, soit que la maîtresse de maison fût présente, soit que l'on fût entre hommes.

D'autres dames arrivèrent dans le courant de février ; parmi elles, je remarquai la très jolie femme du procureur de la République. Une autre dame amena ses enfants qui me récitèrent des vers allemands qu'ils ne comprenaient pas, et que la mère écoutait avec orgueil.

Après la conclusion des préliminaires de paix, la partie de Corbeil située sur la rive gauche ne fut plus occupée par les troupes allemandes ; alors le service des logements cessa d'exister, néanmoins je trouvai plusieurs fois un accueil cordial dans la famille Habert et, plus tard même, nos bonnes relations se continuèrent.

Je fus souvent appelé à Versailles par mes affaires, dont beaucoup furent facilement réglées dans mes entrevues avec le prince de Pless et le Comte Maltzan-Militsch ; sans ces heureuses circonstances, elles auraient exigé de longues et nombreuses correspondances. Ces voyages offraient une agréable diversion à ma vie ordinaire. A Versailles, je logeais habituellement à l'Hôtel des Réservoirs, où le grand-duc héréditaire de Saxe avait pris ses appartements, et j'y dînais avec les officiers supérieurs du quartier général du Kronprinz. La table était présidée par le duc von Koburg ; beaucoup de jeunes princes y prenaient part et, parmi tous ces convives, je retrouvai bon nombre d'anciennes connaissances.

On était malgré soi impressionné par les marques de grand

---

(1) C'était l'aumônier des mobiles du Rhône ; il se nommait l'Abbé Père et logeait en effet chez le Président Habert, où, en homme aimable et de bonne compagnie qu'il était, il savait égayer les trop nombreux hôtes du pauvre Président.

En 1876, l'Abbé Père était vicaire d'une paroisse de Lyon ; nous ne savons ce qu'il est devenu depuis.   A. D.

respect qui étaient témoignées chaque jour au chef du grand état-major général. Quand le baron von Moltke entrait dans la salle, tous les assistants se levaient et restaient debout jusqu'à ce que le général eût pris sa place. Plusieurs fois j'eus l'honneur d'être invité par le Kronprinz, qui avait son quartier général à la « Villa des Ombrages », et aussi par le grand-duc héritier de Saxe. Dans ces réceptions, c'était un grand charme pour moi de me rencontrer avec des personnages qui exerçaient une grande influence sur les événements et étaient en situation de donner des éclaircissements sur beaucoup de choses qu'il nous importait de connaître.

Je me trouvais à Versailles le 31 décembre 1870 et je passai les dernières heures de l'année en compagnie d'officiers blessés du 94e régiment : les capitaines Winterberger, von Rhaden, von Lucadon, Schnell, von Snellenhuhl. Une ambulance spéciale avait été établie pour eux, par les soins du grand-duc, sous la direction du docteur Mathès d'Eisenach. A minuit, quand je regagnai mon gîte, dans une chambre éloignée de l'avenue de la Reine, les canons du Mont Valérien tonnèrent au-dessus de moi comme pour saluer la nouvelle année, mais ma pensée était loin de là, vers l'autre rive du Rhin.

Le 18 janvier, j'assistai à la proclamation de l'Empire d'Allemagne dans la salle des glaces du château de Versailles. Parmi ceux qui entouraient l'Empereur se trouvait le prince dont j'avais dirigé l'éducation, et je savais que son cœur, chaud comme le mien, battait en faveur du rétablissement de l'Empire d'Allemagne sous l'hégémonie de la Prusse. En levant les yeux, je vis Louis XIV dans le tableau du « Passage du Rhin » accompagné, au delà du fleuve, par les Dieux de la Victoire.

La nuit suivante, j'allai avec le grand-duc héritier de Weimar à la fabrique de capsules, bien connue de nous et située sur les hauteurs de Meudon. De ce point élevé l'on voyait Paris s'étendant à nos pieds. Des bombes furent lancées par les batteries prussiennes dans cet immense océan de maisons ; elles ressemblaient à des balles d'enfant, et ne laissaient d'autre trace qu'un petit nuage de fumée, disparu aussitôt.

Quand, plus tard, je revins seul en voiture, au milieu de cette sombre nuit d'hiver, mes pensées se reportèrent bien loin en arrière ; les grands événements dont je venais d'être témoin me rappelaient que je les avais désirés dès ma jeunesse et qu'en vue de leur réussite, j'avais songé à combattre dans le Schleswig-Holstein en 1848. Mon cœur était plein de joie en voyant mon rêve accompli, et j'étais heureux surtout d'avoir pu saluer l'Empereur d'Allemagne dans le palais de Louis XIV à Versailles, tout près des portes de la capitale ennemie.

Vers la fin de janvier, des affaires pressantes m'appelèrent à Orléans. Je pris à Juvisy un train protégé par des patrouilles et des postes fixes, il me conduisit sur les bords de la Loire, après un long voyage à travers une immense plaine couverte de neige. Cette contrée avait été, en décembre, le théâtre de plusieurs combats, dont les traces étaient encore très visibles à Arthenay et à Toury. A Orléans, il y avait une grande animation militaire, néanmoins la population paraissait se livrer à ses occupations habituelles ; toutes les boutiques étaient ouvertes et les habitants circulaient dans les rues, on y voyait même des femmes du meilleur monde.

Mes négociations avec le délégué en chef von Zedlitz-Neukirch roulaient surtout sur la régularisation de l'évacuation, en dehors du ressort de la IIe armée ; grâce à son bon vouloir, elles furent vite terminées.

Les transports sur la ligne de Nuits-sous-Ravières et Chaumont avaient été brusquement interrompus par la destruction du pont de chemin de fer de St-Florentin. Je me trouvais justement à la gare lorsqu'un train bondé de malades dut être déchargé : il fallut transporter ces malheureux dans les hôpitaux et deux moururent pendant le trajet.

Je n'eus pas le temps de visiter la Cathédrale et les autres curiosités d'Orléans, mais je devais retrouver plus tard l'occasion de visiter cette ville dans des conditions certainement moins agréables qu'à cette époque, où les troupes allemandes l'occupaient encore. Près du grand pont du chemin de fer jeté sur la Loire, je vis les canonnières françaises enlevées par nos troupes et occupées déjà par nos soldats de marine.

Je rentrai à Corbeil le 27, il y circulait des bruits sur la cessation des hostilités et, le lendemain à midi, une affiche de la mairie annonçait une suspension d'armes de trois semaines, pendant lesquelles nos troupes devaient occuper les forts de Paris. L'impression causée par cette nouvelle fut peu profonde, car elle était prévue déjà depuis quelque temps. Cela ne diminua pas le travail

des ambulances volontaires, mais l'accrut plutôt, et on n'eut même
pas le temps de se livrer de toute son âme à de joyeuses émotions.
Cependant la cessation des hostilités nous apporta un réel soula-
gement et la joie fut grande, plus grande même que le 18 janvier.

Le 2 février arriva la nouvelle de l'entrée de l'armée de Bour-
baki sur le territoire suisse: cet événement termina la guerre, d'une
façon on ne peut plus heureuse.

Pendant l'hiver, j'avais été souvent l'hôte du général von Gotsch;
je pouvais aller le soir, sans y être invité, au château de Saint-Germain, et dans l'aimable réunion de ces messieurs de l'état-major
on se livrait à de gais entretiens et à des conversations sur les
événements qui venaient de s'accomplir. Un grand dîner fut donné
par le général (1) pour fêter la fin de la guerre. Le Maire de
Corbeil y assista (2) et, en sa compagnie, nous vîdâmes nos verres
en l'honneur de la paix qui devait suivre la suspension d'armes.
Mais, le lendemain, la bonne impression du Maire fut un peu
ébranlée par la nouvelle des fortes contributions qui venaient
d'être imposées à la ville : le département de Seine-et-Oise devait
payer douze millions et le canton de Corbeil était compris dans
cette somme pour 400.000 fr. (3).

Dans le courant de février, j'eus occasion d'aller voir les forts de
Charenton, de Bicêtre et de Montrouge, dont les canons n'étaient
plus braqués contre les travaux de siège des allemands, mais contre
la capitale de la France qu'ils étaient appelés à défendre. Le village
de Villejuif, situé près de Bicêtre, avait eu beaucoup plus à souffrir
de la part des soldats français que les localités occupées par nos
troupes. A la barrière de Paris, un jeune lieutenant me raconta
que personne ne pouvait sortir de la ville sans passeport, à l'exception des jolies filles (4).

De Versailles j'allai, avec le grand-duc héréditaire de Saxe, à
Sèvres, à Saint-Cloud et au Mont-Valérien, appelé par nos soldats

(1) Toujours aux frais du propriétaire de St-Germain.   (N. d. I. R).

(2) Le Maire assistait à ce dîner en vertu d'une invitation qui n'était qu'un ordre
déguisé.   A. D.

(3) Grâce aux démarches du Conseil Municipal et du Maire de Corbeil, cette contribution fut réduite à quelque chose comme 30.000 fr.   (N. d. l. R).

(4) Ceci est encore une méchanceté gratuite dont notre allemand se fait ici l'écho
complaisant C'étaient les allemands qui empêchaient la sortie de Paris, j'en ai eu
la preuve par moi-même, et je n'ai rien vu qui puisse seulement ressembler à la
méchante allusion faite ici par l'auteur. Si ce fait était vrai, d'ailleurs, il ne serait
guère à l'honneur des Allemands.   A. D.

le *Foudroyant*. Là se reposaient les pièces de canon géantes, *Valérie* et *la belle Joséphine*, maintenant tranquilles et protégées par la landwehr de la garde. Un grand drapeau flottait sur le toît de la haute caserne, montrant à tous les couleurs du nouvel empire.

Une multitude effrayante se pressait sur le pont de Neuilly, et le bas peuple de Paris se montrait si hostile que les agents de police français, postés à cet endroit, avaient peine à le contenir et menaçaient souvent de faire usage de leurs armes. Il se passait là, sous nos yeux, des scènes tristes et quelquefois aussi bien comiques.

La suspension d'armes fut prolongée jusqu'au 24 février et, le 26, les préliminaires de paix furent arrêtés à Versailles. A ce moment, le commissaire royal et l'inspecteur militaire donnèrent des ordres pour relever les ambulances volontaires des postes qu'elles occupaient et pour rapatrier de suite le personnel employé en France. Un grand nombre de délégués, rassemblés à Versailles le 27 février sous la présidence du prince von Pless, eurent à délibérer sur les voies et moyens relatifs à l'exécution de ces ordres. Avec moi, étaient présents le chef de la Commission centrale, comte Maltzan-Militsch, le délégué en chef de la deuxième Armée, baron von Zedlitz-Neukirch, le délégué en chef résidant à l'armée de la Meuse, comte Schlaberndorf, le délégué du Comité central de Berlin, von Simpson-Georgenburg, le délégué de la IIIᵉ Armée, prince Putbus, et les membres de la Commission centrale, von Salisch et von Zawadsky. Les principales questions furent résolues sans difficulté. Pour Corbeil, le personnel et le dépôt, établis tous deux sur la rive gauche de la Seine, durent suivre le mouvement de retraite de l'armée et traverser le fleuve avec les troupes. Un certain nombre de délégations restèrent aussi sur la rive droite, et la direction des affaires dans le ressort de l'armée du Nord et de l'armée du Sud-Ouest fut confiée aux délégués von Angern-Stilcke, d'Amiens, et von Ompteda, de Dijon. Un délégué spécial fut nommé pour la rive gauche de la Seine, avec mission de secourir efficacement nos malades et nos blessés, abandonnés aux mains de l'ennemi dans les différentes régions de l'Ouest de la France, de les rassembler et de veiller à leur transport dans les hôpitaux allemands. Le choix des hommes pour ces différents postes donna matière à discussion et aucune décision ne fut prise à cet égard. Le soir du même jour, au cours d'un dîner d'adieu offert par le prince, on me demanda d'accepter la situation de délégué en chef pour les provinces Françaises qui, d'après les conventions établies, allaient être évacuées par nos troupes ; la résidence devait être à Versailles, et éventuellement à Paris. Cette demande m'honorait beaucoup et je n'hésitai pas à y donner mon adhésion, car cette situation nouvelle m'offrait l'occasion d'être encore utile en soignant les malades. Je fus donc nommé délégué en chef à Versailles.

Le 1er mars, j'assistai, avec le grand-duc héréditaire de Saxe, à la revue de Longchamps et je pus me joindre à l'escorte de Sa Majesté l'Empereur, et pénétrer dans Paris jusqu'à la place de la Concorde, au milieu de nos troupes victorieuses (1). En arrivant à la barrière de l'Etoile, à la suite de l'escadron du 14e hussard qui formait l'avant-garde, j'aperçus, près de l'Arc de Triomphe, le comte von Bismarck, à cheval, un cigare aux lèvres. La dernière fois que je l'avais vu, c'était en octobre 1865, il était président du conseil prussien et se trouvait sur la plage de Biarritz en compagnie de l'Empereur Napoléon ; combien d'événements s'étaient succédé depuis cette époque !

Pour terminer ma mission à Corbeil, j'eus à veiller sur les sépultures de nos morts. Suivant une circulaire du prince von Pless, du 14 janvier, l'attention des délégués devait se porter spécialement sur les sépultures ; j'espérais un envoi d'argent qui m'eût permis de pouvoir faire quelque chose pour l'ornement des tombeaux. Vers le 24 février, à la suite d'une demande pressante, la Commission centrale me fit savoir que l'envoi d'argent, demandé en vue de désigner les tombeaux par des inscriptions et de les orner de petites peintures, ne pouvait être fait à temps, parce qu'on ne pouvait pas prévoir quand et jusqu'à quel point il fallait mettre de l'argent à la disposition des ambulances volontaires, en outre de leurs besoins extraordinaires. Je me vis alors obligé de recourir à l'assistance bienveillante des particuliers, et les secours furent si abondants que je pus faire exécuter sur les tombeaux de Corbeil, d'Etiolles et de Soisy (2) de nombreux ornements.

(1) C'est de la forfanterie, car on sait combien cette demonstration fut platonique pour les Allemands.   A. D.

(2) Il me semble que l'auteur se vante un peu, car il n'y eut pas grand'chose de fait à propos de l'ornement des tombeaux allemands, malgré l'abondance des secours envoyés, dit-il. Il est vrai que cette relation a été publiée en Allemagne,

A Corbeil, un tombeau situé près du mur d'enceinte du cimetière contenait 532 Allemands. Le dernier qui y fut enterré fut mon fidèle domestique, qui succomba du typhus en mars. Quelques membres décédés des ambulances volontaires reposaient aussi dans le cimetière de la ville: entre autres deux sœurs bavaroises et le père Roeckemann (1). A Ris étaient enterrés l'ambulancier Kern, à Soisy la sœur Amarina, sur le tombeau de laquelle fleurissaient de fraîches roses au moment de mon voyage.

Au Coudray, le docteur Schmidt-Ernsthausen, avec sa prévoyance habituelle, avait fait réserver un cimetière spécial pour les militaires ; il était dans un joli site, à l'ombre des grands arbres d'un petit bois appartenant au duc de Rovigo (2).

Lorsque je revins à Corbeil dans l'automne de l'année 1876, je trouvai les tombeaux érigés dans les cimetières des villages et dans celui de la ville dans un état satisfaisant ; les ornements et les croix étaient bien entretenus, les inscriptions qui y avaient été tracées étaient encore très lisibles. Mais le grand tombeau, situé à l'extérieur du cimetière, offrait un triste aspect : il était en grande partie couvert de gazon, les ornements brisés étaient répandus sur la pierre du soubassement, et il ne restait plus que de petites portions de la haie. La promesse faite, en avril 1871, par le maire de Corbeil, de faire entrer ce tombeau dans le cimetière par une nouvelle clôture, n'avait pas été tenue. A la suite de ce voyage, je pensai que le terrain occupé par cette sépulture pourrait peut-être être acheté par l'empire d'Allemagne ; j'en fis la proposition et elle trouva un accueil favorable aussi bien auprès du commissaire impérial et de l'inspecteur militaire qu'auprès du ministère royal prussien de la guerre. Si les négociations entamées entre les autorités compétentes n'aboutirent pas à un achat, du moins l'attention de l'État français fut appelée sur cette situation et j'eus la satisfaction de voir reculer la clôture du cimetière, conformément à la promesse faite. En juillet 1877, une note du ministère des Affaires étrangères français fut communiquée au prince von Pless à ce sujet ; elle portait que l'emplacement du tombeau était acheté

et que, pour les Allemands qui la lisaient, il était plus facile de croire que d'aller vérifier l'exactitude de ce récit.　A. D.

(1) Ce nom vient d'être retrouvé et copié sur la pierre tombale.　A. D.

(2) Ici l'auteur confond : c'est le duc de Reggio qui était propriétaire du château de Coudray, occupé encore aujourd'hui par ses descendants (N. d. l. R).

par le gouvernement français, qui avait ordonné le rétablissement immédiat des ornements, du gazon et de la haie (1).

Répondant à une invitation émanée du commissaire royal et de l'inspecteur militaire, je dus, en raison de ma situation, proposer les membres des ambulances volontaires pour les décorations qu'offraient les autorités supérieures. Le choix n'était pas facile à faire, vu les circonstances ; cependant, à ma grande satisfaction, il arriva que mes propositions furent presque toutes accueillies favorablement.

La dissolution de la délégation de Corbeil fut accomplie avant mon établissement à Versailles et ce ne fut pas sans tristesse que je me séparai de ceux qui pendant quatre mois m'avaient aidé de leurs efforts ; je penserai toujours à eux et au temps où nous étions réunis J'espère que de leur côté ils garderont un bon souvenir de moi. Le 4 mars, dans nos paroles d'adieu, nous nous sommes promis mutuellement de toujours nous souvenir de cette époque ; ces promesses ont été tenues, j'en ai eu des preuves.

La plupart des délégués retournèrent dans leur pays ainsi que les ambulanciers et les ambulancières ; quelques-uns seulement restèrent à Corbeil encore quelque temps pour expédier et terminer les affaires courantes.

Le 12 mai, au matin, les dernières troupes allemandes abandonnèrent Versailles et ce ne fut pas sans émotion que je passai, au son d'une joyeuse musique, sous les fenêtres de mon appartement de l'hôtel des Réservoirs. Dès le soir de ce jour, le premier régiment français entrait dans cette ville.

(1) Le terrain de la grande tranchée où l'on enterrait au jour le jour les Allemands décédés a en effet été acheté par notre gouvernement, mais, depuis, une translation a eu lieu : la ville de Corbeil en agrandissant son cimetière, a concédé un nouveau terrain, dans lequel elle a rassemblé toutes les sépultures allemandes, collectives ou isolées, et sur lequel elle a élevé un monument où l'on lit l'inscription suivante :

Sépulture de 553 soldats allemands
et de 49 soldats français. 1870-1871.

Ce chiffre de 553 est de beaucoup inférieur à la réalité.

Tous les frais de translation, d'édification du monument et de son entourage par des grilles, etc., ont été à la charge de la ville.   A. D.